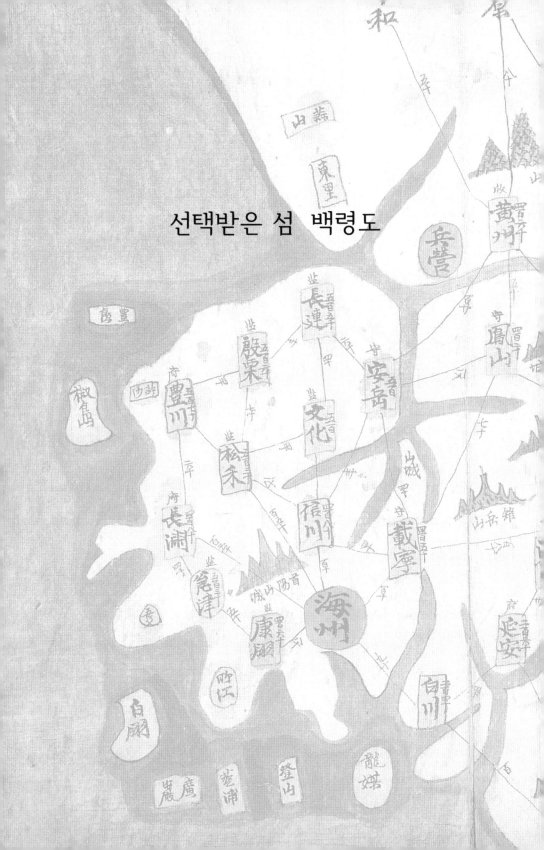

선택받은 섬 백령도

선택받은 섬 백령도 증보판

~~~~~~~~~~~

초   판 발행 | 2002년 9월 2일
2판 1쇄 발행 | 2020년 9월 20일

지은이 | 김지현, 이종전
발행인 | 김주성
발행처 | 백령근현대사문화공원 추진위원회

펴 낸 곳 | 아벨서원
등록번호 | 제98-3호(1998. 2. 24)
주   소 | 인천광역시 남동구 구월남로 118(인천 YMCA, 805호)
전화번호 | 032-424-1030
e-mail | coolcho@naver.com

Printed in Korea © 2020 아벨서원

선택받은 섬 백령도

지은이 김지현 이종전

아벨서원

　한국교회사에서 백령도는 중국에서 서해를 건너 한반도를 찾았던 사람들에 의해서 복음의 접촉이 가장 먼저 있었던 곳이다. 다만 그들에 의한 복음의 접촉이 열매를 맺어 신앙의 공동체로 발전해서 역사를 잇지는 못했다. 그럼에도 훗날 그러한 복음의 접촉은 헛되지 않아서 평양이 한국의 예루살렘이라고 할 만큼 특별한 교회 성장이 있었던 것은 우연한 것이 아니었다. 백령도를 다녀갔던 토마스가 전달한 성경은 오랜 기다림 끝에 평양에서 움을 틔워 한반도의 북녘에 신앙의 공동체들을 결성시키는 단초가 되었기 때문이다.

　백령도 바닷길 너머의 옹진반도, 그곳에는 우리나라 최초의 교회로 알려진 장연의 소래(松川)교회가 있다. 소래교회와 여기 백령도 최초의 교회인 중화동교회는 성장하는 과정에서 밀접한 관계를 갖고 있었다. 1896년 첫 번째 공동체가 만들어진 다음 백령도는 엄청난 변화를 동반했다.

　교회의 설립일을 언제로 볼 것인가 하는 것은 신학적으로 교회관과 직접 관련이 있다. 하지만 한국 교회들의 경우 교회법에 의한 설립일을 말하기 보다는 첫 모임을 시작한 날을 기준으로 하는 경우가 일반적이다. 필자가 중화동교회의 설립일을 1896년으로 표기한 것은 그러한 의미이다. 반면 김지현 집사의 경우는 1898년으로 표기하고 있다. 따라서 필자는 중화동교회의 기록을 근거로 표기한 바 독자들의 혼란이 없기를 바라고 이것은 지금이라도 공적으로 일치시키는 것이 필요하다고 생각한다.

　전 도민(島民)들이 비록 기독교를 받아들이지 않는다고 할지라도 기독교적인 문화를 수용하기로 하고, 다른 신을 숭배하는 일이나 조상신을 섬기는 것까지도 하지 않기로 한 것이다. 결코 쉽지 않은 결정이지만 당시 이곳의 주민들은 그렇게 결정을 한 후 도민들 스스로가 한 약속을 지켜왔다. 그 결과 백령도는 복음화율이 매우 높고, 혹 신자가 아니더라도 전 도민들이 교회를 중심으로 생활을 하고 있다는 사실은 놀라움 그 자체이다. 아마 이러한 경우는 우리나라 어느 곳에서도 찾아볼 수 없는 일일 것이다.

　적어도 백령도에서는 교회와 주민, 그리고 교회와 지역사회는 끈끈한 관계로 연결되어있다. 그리고 그 중심에는 마을마다 세워진 교회들이 있다. 따라서 백령도 주민들에게 교회는 신앙과 관계없이 중요하다. 이 섬에 교회가 설립된 이래로 교회는 주민들의 생활 중심에 있다. 실제로 1896년 중화동교회가 설립된 이래로 고도(孤島)인 이곳도 신학문을 배울 수 있게 되었다. 그것은 중화동교회가 중심이 되어 실시한 공민학교를 통해서였다. 배울 수 있는 기회가 없었던 청소년들에게 신학문을 접할 수 있었던 것은 지금까지 경험할 수 없었던 신세계를 보는 것과 같은 것이었다.

　뿐만 아니라 백령도를 중심으로 주변의 섬에 살고 있는 신자들이 농한기에 모여서 사경회를 실시한 것 역시 특별하다. 이 사경회는 다른 지역에서 실시된 것과는 많이 다르다는 의미이다. 우선 사경회 기간이 다른 지역에 비해서 많이 길었다. 게다가 집중력이 높을 수밖에 없는 환경이었기에 열심히 공부했다. 그 결과 변화와 성장이 뭍에 있는 교회들을 크게 앞질렀다. 자연스럽게 백령도 출신의 많은 사역자들이 배출된 것도 우연한 일이 아니다.

이번에 기회가 되어 고 김지현 집사님이 집필한 〈선택받은 섬 백령도〉를 증보 출판을 할 수 있게 되어 개인적으로는 많이 기쁘다. 필자가 백령도에 관심을 갖게 된 것은 1972년의 일이다. 선친이 중화동교회에 부임하면서의 일이다. 당시는 뱃길이 쉽지 않아 뭍을 오가는 것이 어려웠다. 하여 선친이 백령도에서 목회하는 동안 한 번도 가보지 못했고, 뭍에서 동생들과 공부하면서 생활을 해야 했다. 부모님들의 마음도 많이 힘드셨을 것이라는 생각이다.

한국교회사에 특별한 관심을 가지고 연구하면서 언젠가는 꼭 찾아보고 싶었던 백령도를 가족들과 함께 처음으로 찾았던 것이 20년이나 지났다. 한데 이번에 기회가 되어 그동안 정리했던 자료를 중심으로 백령도의 교회들을 소개할 수 있어서 매우 기쁘다. 김지현 집사님의 글을 읽으면서 그분의 백령도에 대한 사랑을 느낄 수 있었다. 그분만큼은 못되지만 학생 시절에 마음으로 그리워했던 백령도에 대한 필자의 마음은 어떤 의미에서 김 집사님 못지않은 것이라 할 수 있다.

    최근 들어 뱃길이 좋아지면서 이 섬을 찾는 이들이 많아지고 있다. 이 책이 백령도를 찾는 이들에게도 도움이 되면 좋겠다는 생각과 함께 증보판을 만드는 일에 동참했다.

    이 일을 위해서 수고한 백령한사랑교회의 김주성 목사님의 노고에 감사를 드린다. 백령도가 지금까지 이어온 신앙의 전통과 뜨거운 섬김의 아름다움이 이 책을 통해서 한국교회에 널리 알려져서 귀감이 될 수 있고, 새로운 힘과 은혜를 나눌 수 있는 도구가 될 수 있기를 바라는 마음이다.

2020년 9월

인천기독교역사문화연구원 원장
어진내교회 담임목사
이 종 전

　백령기독교역사관 개관에 이어 그 역사적 고증인 본서를 출간하게 된 것에 감사한다. 우리나라 초기 기독교 전래의 흐름 속에서 백령도가 하나님의 선택받은 땅이었음은 결코 간과되어서는 안 될 중요한 사실이었다. 따라서 이번 출간을 통해 비로소 백령도가 서해상에 뜬 주의 날개로써의 정당한 위상을 찾게 되는 전기를 맞게 되었다고 본다.

　본인은 백령도에 부임한 후 우리나라에서 처음 기독교가 발을 디딘 곳이 바로 백령도라는 말이 주민들 사이에서 자연스럽게 회자(膾炙)되고 있는 것을 목도했다.

　백령도 주민들에 의해서는 이미 역사적 사실로 인정되고 있는 우리나라 기독교 역사에서 백령도의 선구적인 역할은 결코 범연한 것이 아니었으나 그 부분에 대해 선학(先學)이 전무한 형편이라 그저 애석한 마음뿐이었다. 그런데 하나님은 옹진군수의 마음을 움직이셔서 백령도에 최초로 설립되어 100주년을 넘긴 중화동교회를 복원할 계획을 세우도록 하셨던 것이다.

　백령도를 찾는 사람들에게 소중한 볼거리를 제공하고자 하는 뜻을 군수님께서 넌지시 비추었을 때, 본인은 이 기회가 곧 백령도의 기독교 역사를 본격적으로 복원하는 사업으로 이어지기를 희망하였다. 진지하게 의견을 교환하는 가운데 백령도에 대한 사랑과 열의, 그리고 역사의식이 서로 일치함을 확인할 수 있었다.

　　그것을 단초로 구체적인 사업계획이 세워지고 사업의 규모와 비용 등에 관한 조율이 이루어지면서 마침내 1차 사업으로 백령기독교역사관이 건립되기에 이르렀다.

　　개관식은 언더우드 선교사의 3세와 4세를 비롯한 각계 인사들이 참석하여 성황을 이룬 가운데 진행되었고, 대한예수교장로회(합동) 인천노회가 기공예배와 개관예배를 주관하여 하나님께 영광을 돌렸다.

　　이어 백령기독교역사관을 뒷받침하고 널리 알리기 위한 2차 사업으로서 기독교 역사(한국초기복음전래사)를 다룬 출판물 간행을 구상하며 간절히 기도하게 되었는데, 때마침 하나님께서 이 일을 위해 그동안 준비시켜 두기라도 하셨던 듯 적자(適者)를 보내주셨으니, 그분이 바로 사료와 정황 등을 수집하며 백령도 역사를 꾸준히 연구해 오신 김지현 집사이셨다. 기독교 초기교회사의 사장된 부분이 역사학자의 손을 빌려 조명되기를 기다려 볼 수도 있겠지만, 백령도에 오래 거주해온 백령도의 신앙인에 의해 발굴 보전될 수 있다면 그야말로 더없이 기쁘지 않을 수 없는 일이었다. 그리하여 망설일 것 없이 출판을 진행하여, 마침내 백령도를 비중있게 다룬 최초의 책을 세상에 낼 수 있게 되었다.

　　이로써 우리는 한국 기독교 초기 역사의 새로운 지평을 연 셈이다.

　　이 책이 나오기까지 물심양면으로 도와주신 인천동성교회 박신범 목사님, 또한 추천사와 더불어 많은 격려를 보내주신 창훈대교회 한명수 목사님, 그리고 바쁘신 가운데도 감수를 비롯한 적극적인 도움을 아끼지 않으신 총신대학교 신학대학원 박용규 교수님께 진심으로 감사의 말씀을 드리고 싶다. 부족한 종을 위해 항상 기도해주시는 우리 백령한사랑교회 장로님들과 성도님들께도 깊이 감사드리며, 증보판 제작에 기꺼이 백령도 지역의 교회들의 역사와 가치를 새롭게 정리해 주신 인천기독교역사문화연구원 이종전 목사님과 물심양면으로 지원해 주고 백령도를 '한국 기독교의 섬'으로 지정한 대한예수교장로회총회에도 지면을 빌어 감사의 말씀을 전한다.

하나님의 선한 뜻이 계속해서 아름다운 섬 백령도에서 이루어지기를 소망한다.

2020년 9월

백령한사랑교회 담임목사

김 주 성

백령도는 축복의 땅이다. 인천항에서 쾌속선으로 4시간을 넘게 달려야 도착하는 서해 최북단에다 가장 서쪽에 자리 잡은 섬이다. 지척에 보이는 북한 황해남도 장산곶은 분단의 아픈 현실을 보여준다. 한국 초기기독교의 역사에 대해 깊은 관심을 가진 한 사람으로서 인천지역, 특히 구한말 조선반도의 근현대사 격동기 속에 선교 불모지대의 경계선에 위치해 있던 서해 섬들을 떠올리며 하나님의 섭리 가운데 이루어진 놀라운 은혜를 바라본다. 이름은 익히 들어왔어도 지도로 확인하는 백령도의 위치는 참으로 놀랍다. 어떻게 이런 곳을 우리 대한민국에 허락하셨을까! 탄성을 지를 수밖에 없다.

하나님의 극적인 섭리는 이곳이 '축복의 섬'임을 증명하고 있다. 벽안의 선교사들의 마음에 불모지 조선의 땅과 백성을 품게 하셔서 내딛게 한 그들의 발자취는 이 땅 곳곳에 서려 있다. 복음의 한줄기 빛이 복음과 세상의 경계선을 허물고, 그곳에 복음의 땅을 세웠다. 그리고 복음의 지경을 넓혔다. 하나님께서 통치하시는 땅은 하나님이 지켜주신다. 예레미야 5장 22절에 "내가 모래를 두어 바다의 한계를 삼되 그것으로 영원한 한계를 삼고 지나치지 못하게 하였으므로 파도가 거세게 이나 그것을 이기지 못하며 뛰노나 그것을 넘지 못하느니라" 했다.

백령도에 처음 왔을 때 두무진이란 곳이 인상 깊었다. 창조주 하나님께서 다듬어 놓으신 웅장한 자연은 실로 대단했다. 게다가 '두무진(頭武津)'이라는 독특한 이름이 '우뚝 선 바위의 모습이 장수가 모여 앉은 형상과 같다'하여 유래된 것이라는 설명을 듣자, 하나님께서 복음과 자유를 지키기 위해 세우신 장군들로 보였다. 악한 영과 하나님의 백성 사이에, 그리고 공산 진영과 자유민주주의 진영의 경계선에서 하나님의 백성과 자유민주주의를 지키는 하나님의 군대가 있었기에 오늘의 우리가 존재한다고 믿고 싶다.

이 책은 오늘 이 시대에 하나님의 섭리를 바라보게 하는 역사의 기록을 담고 있다. 일찍이 여러 기독교 학자들을 통해 발굴되고 연구되어 고증된 사료들이 역사 속 백령도의 가치를 다양하게 확인시켜 주었는데, 그 중 백령한사랑교회 고 김지현 집사님을 통해 기록된 〈선택받은 섬 백령도〉는 분명 큰 의미가 있다.

선교사들의 첫 발걸음의 숨결과 발자취가 남아 있는 백령도를 특별히 주목하고 따라가야 하는 이유를 제시하고 있기 때문이다. 역사 속에 자리한 하나님의 섭리를 이 기록들을 통해 확인할 수 있다. 요즘과 같은 참담한 시간 속에 우리나라가 지금의 위상을 갖게 하신 하나님의 섭리를 확인한다면 우리는 축복의 길을 걸어갈 수 있다. 이 책의 증보판 발간을 축하한다. 그리고 대한예수교장로회 합동총회가 백령도를 '거룩한 섬'으로 지정되는 역사적인 시점에, 다시 한번 백령도를 향하신 하나님의 사랑이 얼마나 아름다운 축복인가를 확인할 수 있기를 기원한다.

2020년 9월

대한예수교장로회(합동) 총회장
새에덴교회 담임목사

소 강 석

그 동안 여러 추천사를 썼으나 이번만큼 가슴이 벅찼던 적은 없었던 것 같다. 왜냐하면 추천사를 쓰면서 내가 주님의 부름을 받아 하나님의 일꾼으로서 소명을 받았던 20대 초반을 줄곧 떠올리게 되었기 때문이다.

나는 불신 가정에서 태어나 예수라는 말을 들어본 적 조차 없이 살았다. 그러다가 6.25가 발발해 부모형제를 남겨두고 고향을 떠나지 않을 수 없었고, 그때 강화도의 외딴 섬 교동에 이르러 예수를 만나게 되었다. 그 것은 나 자신을 근본적으로 변혁시킨 사건이었고, 그 이후 나의 일생과 운명이 성령의 지배와 더불어 이루어졌음은 물론이다. 선교 초기의 고투를 여실히 담아놓은 본서가 예수를 처음 믿게 되었던 시절 나의 초심을 연상시켜 주었던 것인지, 본서를 읽는 동안 나는 그러한 오래 전의 감회에 젖어들지 않을 수 없었다.

본서는 이 땅에 복음의 씨앗을 뿌리시려는 하나님의 섭리에 따라 서해 고도 백령도에서부터 성령이 역사하게 되는 경이로운 과정을 알려주고 있다. 공식적으로 이 땅에 복음이 전달되었다고 할 수 있는 1884년 9월 20일의 알렌 입국보다도 50년이나 앞서 복음의 씨앗이 백령도에 떨어졌던 것은 이 책을 계기로 하여 실로 우연이 아니었던 것으로 여겨졌다.

이 책을 읽으면서 나는 하나님의 섭리를 다시금 깨닫게 되었을 뿐 아니라, 이 책을 제외하고서는 이 땅의 복음의 역사를 제대로 언급할 수 없을 것이라는 확신을 갖게 되었다.

백령도는 우리가 잘 아는 대로 황해도 장연 깊숙이 자리잡은 섬이며

현실적인 맥락과 연결지어서는 남과 북을 함께 숨쉴 수 있는 위치로서, 일반적으로는 이 땅을 복음으로 통일시킬 수 있는 전초기지의 사명을 갖고 있는 곳 정도로만 인식되고 있다. 그러나 우리는 이 책을 통해 마치 동쪽에서 이 땅의 하루를 밝히기 위해 해가 떠오르듯이 오래 전 이 땅의 서쪽 백령도에서 복음의 빛이 떠올랐다는 사실을 새삼 확인하게 될 것이다. 나아가 초대 선교사들이나 복음을 품고 살았던 서양인들이 그 첫 발길을 내딛어 숨결과 자취를 남긴 백령도를, 앞으로는 이 땅에 사는 모든 사람들이 각별히 주목하고 찾아야 할 것으로 생각한다.

한편 이 책은 한 권의 성경이 얼마나 값지고 고귀한 능력을 발휘할 수 있는지를 다시금 깨닫게 해주고 있으며, 나아가 미력이나마 복음을 위한 개척의 발걸음을 옮겨야 하겠다는 새로운 결의를 다지도록 고무하고 있기도 하다. 모든 성도와 더불어 한국의 초기 기독교 역사를 알고자 하는 분들에게 기쁜 마음으로 일독을 권하는 바이다. 독자 여러분과, 귀한 섬 백령도에 사시는 모든 주민께 하나님의 크신 축복이 깃들기를 간절히 빈다.

2002년 9월 2일

대한예수교장로회(합동) 증경 총회장
창훈대교회 담임목사

한 명 수

추천사

비록 공식적으로는 한국의 개신교가 1884년 9월 20일 알렌의 입국으로 시작되었지만, 하나님께서는 그보다 반세기 이전부터 한국 선교를 위해 너무도 섬세하게 준비하시고 계셨다.

그 끊임없는 준비의 중심에는 서해안, 그중에서도 특별히 백령도가 자리 잡고 있었다.

1816년 9월 영국 해군 머리 맥스웰(Murray Maxwell) 대령과 바실 홀(Basil hall) 대령의 서해안 탐험, 그로부터 16년 후인 1832년 근대 선교의 개척자 칼 귀츨라프(Karl Friedrich August Gützlaff) 선교사의 한국 선교 타진, 1866년 개신교 선교사 로버트 토마스(Robert Jermain Thomas)의 한국 선교 타진과 순교, 그리고 한국 선교의 아버지 언더우드(Horace Grant Underwood), 모두 백령도와 직·간접으로 깊은 관계를 맺고 있다.

이런 면에서 우리는 백령도를 감히 '한국교회 복음의 관문'이라고 일컫는 것이다.

지정학적 위치의 중요성, 역사적 중요성에 비추어 지금까지 제대로 평가받지 못했던 백령도를 한국교회사적으로 재조명하는 작업은 그런 의미에서 시대적 사명이 아닐 수 없다.

이런 상황에서 최근에 백령도에 기독교 역사 기념관이 개관되고, 또한 역사적으로 백령도의 중요성을 조명한 본 저서가 출판된 것은 참으로

시의적절한 작업이라 아니 할 수 없다.

아무리 훌륭한 역사를 지니고 있는 사건이나 장소라 하더라도 역사적으로 정리하는 작업이 병행되지 않는다면 세월과 더불어 잊혀지기 마련이다.

미국의 그 아름다운 성령의 역사 제1차 대각성 운동이 시대를 넘어 계승되어 올 수 있었던 것도 현장에서 놀라운 성령의 역사를 체험하고 그것을 생생하게 서술한 조나단 에드워드가 있었기 때문이다.

백령도를 포함한 서해안의 중요성은 예리한 관찰력과 필재가 뛰어난 군의관 맥레오드의 항해기와 같은 생생한 기록들이 있었기 때문에 가능했다. 본서를 접한 이들이라면 이 책이 얼마나 섬세하고 깊이 있게 연구된 작품인가를 어렵지 않게 발견할 수 있다.

여기 일생 동안 백령도의 지정학적 위치의 중요성과 교회사적 중요성을 연구해 온 김지현 집사님이 있었기 때문에 이 작업은 가능했다.

그는 백령도라는 이름의 의미에서부터 지정학적 중요성, 그리고 백령도를 거쳐 간 여러 개척 탐험가들과 선교사들, 그리고 한국인을 일차적인 사료와 이차적인 사료 두 가지 모두를 동원하여 심도 있게 추적해 나갔다.

이 작품은 백령도를 사랑하는 사람들뿐만 아니라 한국교회사를 연구하는 이들에게도 좋은 참고 자료가 될 것이라고 확신하는 바이다.

한 가지 강조해 두고자 하는 것은, 백령도는 단순히 역사적 중요성 그 이상의 의미를 함의하고 있다는 사실이다. 오늘날의 분단 현실 속에서 북한 지역이 한눈에 바라보이는 백령도는 '한국교회 복음의 관문'이라는 영예를 넘어 '통일의 관문, 백령도'로 자리 잡아야 한다는 또 하나의 거룩한 과제를 부여받은 것이다.

백령도를 통해 복음이 남과 북 모두로 놀랍게 확산되어 나갔던 것처럼, 이제 우리는 백령도를 통해 남과 북이 하나 되는 역사가 하나님의 은혜 가운데 이루어지기를 바라는 마음이다.

지정학적 중요성으로 새롭게 떠오르는 서해안 시대에 발맞추어 한국교회사에서 백령도가 새롭게 재조명되는 것은 그런 면에서 매우 의미가 있으며, 본서는 그 역사적 근거를 제공해 줄 것이라고 확신한다

2002년 9월 2일

총신대학교 신학대학원 교수
박 용 규

　　백령도(白翎島)는 중국과 가깝다는 지리적 위치 때문에 역사 속에서 크게 쓰임 받는 섬이다. 또한, 남북이 분단된 지금도 그 지리적 위치 때문에 대북 방어의 요충지(要衝地)로써 막중한 역할을 다하고 있다. 말하자면 백령도는 서해를 통해 전개되어 온 수천 년의 역사를 현재까지 간직하고 있는 역사의 섬이라고 할 수 있다.

　　특히 19세기 초부터 공세를 취해오던 기독교의 선교사적 접근이 백령도를 중심으로 한 대청군도(大靑群島) 지역에서 왕성하게 전개되었다는 것은 익히 알려진 사실로, 이렇게 시작된 한국 기독교의 역사가 어느덧 187년의 연륜을 헤아리기에 이르렀다.

　　이백 년에 가까운 기독교 역사가 살아 숨 쉬는 대청군도의 섬인 백령, 대청, 소청에는 현재 17개소의 교회가 주민들의 둘도 없는 정신적 의지처가 되어 당당히 서 있다.

　　이처럼 소중한 한국 기독교 초기의 선교 역사가 제대로 발굴되지 않은 채 세상에 드러나지 않고 있을 뿐 아니라, 이 시기의 역사적 진상에 대한 기존의 기술들보다 집중적이고 심도 있는 연구가 요구되는 상황이라는 것은 안타까운 일이었다.

　　무엇보다 전문 역사학자들마저 이 지역을 소홀히 다루고 있거나 잊혀진 역사로 치부했던 사실은 아쉬운 마음이 일지 않을 수 없었다.

　　한국 기독교 역사의 서두를 장식했던 유서 깊은 이 지역의 역사를 발굴·정리하는 것은 필연적인 일이 되었다. 이제 백령도는 명실공히 한국 기독교의 손꼽히는 성지가 될 것이 틀림없다.

백령도의 역사에 손을 대게 된 또 다른 동기는 백령도라는 지명의 문자적 해석에서 비롯되었다. '백령(白翎)'은 '서해상에 펼쳐진 하나님의 날개'라는 의미로, 하나님의 묵시적인 의지를 명백히 나타내 보이신 것임을 믿기에 의욕을 다지게 되었던 것이다.

절대주권자의 의지가 현현(顯現)해 있는 백령이란 명칭은 주민들의 긍지와 자존심을 높이는 데도 큰 몫을 할 것이라는 기대도 있었다. 이렇게 시작된 것이 백령도 기독교 역사를 정리하는 일이 되었다. 그것은 다행스럽게도 백령도 기독교 역사 기념관의 건립과 맞아 떨어져, 초기 1816년부터 1902년까지 87년간의 기독교 역사를 기념관에 전시되게 된 것이다.

이 책에서는 틀린 줄 알면서도 한번 쓰여진 역사는 다시 고칠 수 없다는 고정관념이나 연구 부족으로 무심히 방치되고 있던 내용을 많은 부분 수정했다. 사료 미비로 그동안 언급되지 않고 있던 새로운 사실들도 상당히 추가되었다.

이렇게 다듬어 놓고 난 후의 감회는 백령도의 기독교 역사 속에 서려 있는 절대주권자의 섭리가 가슴에 와 닿는 듯한 것이었다.

본서에서 다룬 내용 가운데는 소중한 역사를 제대로 전달하지 못한 점도 있을 수 있다. 이를테면 백령도 기독교 역사를 정리하면서 사용된 자료들 가운데는 더러 구전되어 온 것들도 있다. 그 경우 역사적 정황을 추론하여 그 타당성을 선별하였음을 밝혀둔다. 역사의 기록에 완성품은 없다는 말처럼 여기에 쓰여진 백령도의 역사 또한 완벽한 기록은 아닐 것이다.

새로운 근거와 사료를 계속 수집·발굴하며 역사를 보완하는 작업은 앞으로의 과제가 될 것이며, 그것은 주민의 역사에 대한 관심과 참여를 통해서 더욱 충실하게 이루어질 수 있을 것이다.

끝으로 이 기록을 완성하는 데 주도적인 역할을 감당해 주신 한사랑 교회 김주성 목사님과 어려운 가운데서도 컴퓨터 작업 등을 맡아 고생한 옹진철물의 김재엽군 내외, 그리고 인천에서 필자의 손발이 되어 뛰었던 질부(姪婦) 안순억에게 깊은 감사를 드린다.

2002년 9월 2일

白翎島의 金米海堂에서
김 지 현

Chapter

01

프롤로그

　18세기 중반 유럽의 열강들은 새로운 시장으로 부상되는 동아시아지역
과 유럽을 단축시켜줄 새 항로를 경쟁적으로 찾아 나선다. 동아시아 시장 선점
을 위한 신 무역 개척을 위해 유럽의 항해자들이 동양으로 진출하면서 태평양
탐험시대가 열리게 되었고, 이로부터 아직 미지의 영역으로 남아 있던 조선의
존재가 세계에 인식되기 시작한다. 그리고 이 과정에서 은자의 나라 조선도 점
차 세계사의 일부로 편입되어 간다.

조선에 표착한 서양인들

벨테브레이

조선에 처음 발을 디딘 서양인은 1627년 경주 앞바다에 표착한 네덜란드인 얀 야너스 벨테브레이(Jan Janes Weltevree, 박연(朴燕)) 일행이었다.[1]

1626년 동양무역을 위해 본국을 출발한 벨테브레이는 이듬해 일본으로 항해하던 중 난파하여 식수를 구하러 조선 땅에 상륙했다가 그대로 억류되었다.[2]

조정은 이들을 서울로 압송하여 군대에 편입시켰고, 1636년 병자호란(丙子胡亂)이 나자 전장에 출전시켰다. 이 와중에 서양인 세 사람 중에 디럭 헤이스버르츠(Direk Ceijsbertz)와 얀 피르테르츠(Jean Pieterz)는 전사하고, 벨테브레이 혼자만 살아남게 되었다. 이때의 공을 인정받아 벨테브레이는 조선에 귀화할 수 있었고 가정도 꾸리며 여생을 조선에서 보냈다. 그의 자손들 또한 훈련도감에 편속되는 특전을 받아 군인 일가를

---

1 1582년 제주도에 표착한 마리이(Mari-I)가 조선에 처음 들어온 서양인으로 알려져 있기도 하다. 그는 포르투갈인으로 추정되며 명으로 송환되었다는 정도의 기록이 남아있다.
2 김광수, 〈한국민족기독교백년사〉, 교문사, 1978, p.17

이룬 것으로 알려져 있다.[3]

벨테브레이가 조선에 들어온 최초의 기독교인이었는가에 대해서는 여러 의견이 있다. 당시 그의 신분은 상인으로 전도자는 아니었다. 따라서 그가 기독교인이었을 가능성은 있으나, 그는 기독교 전파를 전문적으로 하지는 않았다고 보는 것이 적절할 것이다.

하지만 당시 부마(駙馬)였던 정재윤(鄭載崙)이 그에 관해 다음과 같은 평을 남긴 것을 보면, 그가 기독교인으로서의 품성을 여실히 보여 주었던 것만은 분명하다.[4]

'박연은 남만국인(南蠻國人)인데, 숭정(崇禎) 무진(戊辰)년간에 우리나라에 표도되었다. 위인이 탁탁하고 식려(息慮)가 있으며 그 논설이 다른 사람보다 높기를 수등(數等)이나 더하며 매양 선악화복의 이치를 말하고 툭 하면 하늘이 갚는다고 말하니 그 말이 도(道) 있는 자에 유(類)하더라'

하멜

벨테브레이 이후 26년이 지나서 1653년에 또 다른 서양인이 조선에 표도해 왔다. 그는 스파르웨르(Sparwehr)[5]호의 화물관리인을 맡고 있던 네덜란드인 하멜(Hendrik Hamel)이었다.

하멜은 1653년 7월 말 대만에서 일본의 나가사키로 항해하다가 폭풍을 만나서 그해 8월 15일 제주도 화순포(和順浦)에 표착했다. 승선해 있던 64명 중 28명은 상륙하는 과정에서 목숨을 잃고 36명만이 생존할 수

3 ① 김광수, 〈한국민족기독교백년사〉, 교문사, 1978, p.17~18
  ② 김인수, 〈간추린 한국 교회의 역사〉, 한국장로출판사, 1998, p.49~50
4 김양선, 〈한국기독교사 연구〉, 기독교문사, 1971, p.37
5 Sparwer의 오기로 추정되고 있다.

있었다. 이들은 이듬해 서울로 압송되어 억류 생활을 했는데 처음엔 상당히 후대를 받기도 했다.

그러나 1656년 전라도로 분산되어 옮겨진 후에는 각종 잡역에 시달리며 어렵게 연명하지 않으면 안 되는 신세가 되었다.

조선에 머문 지 10여 년이 지난 1663년에는 그들 중 여수에 수용되었던 8명이 일본의 나가사키로 탈출하여 암스테르담으로 귀환할 수가 있었다. 그리고 다시 2년 후에는 일본의 요청에 따라 조선에 남아 있던 나머지 생존자 8명도 나가사키로 송환되어 본국으로 귀국하게 되었다.[6]

하멜은 이때의 일을 〈표류기〉에 기록해 출판했고, 하멜과 함께 탈출했던 마태우스 이보켄(Mattheuse Ibocken)과 베네딕트 끌레르끄(Benedictus Clercq)도 조선의 지형과 풍습 및 조선어 어휘에 관한 증언을 남겼다.[7]

17세기의 조선은 이들을 통해 서양 문명의 한 부분을 접할 수 있었다.

벨테브레이와 달리 하멜 일행은 자신들을 기독교인으로 밝혔던 것으로 알려져 있다. 〈효종실록(孝宗實錄)〉에도 '왜어(倭語) 아는 자로 하여금 물어보기를 너희들은 서양 길리시단(吉利是段, Chritian)이냐 하니 무리들이 모두 야야(耶耶, 아 그렇습니다)라고 대답하였다'라고 나와 있어 기독교인임을 확인할 수 있다.[8]

하멜 일행 이후 한동안 서양인의 표착 기록은 나타나지 않는다.

약 200여 년이 지난 19세기 중엽에 이르러서야 미국인들이 두 차례

---

6 국사편찬위원회, 〈한국사〉 32권 p.488~489
7 마르코폴로·하멜, 김창수 역, 〈조선왕조견문기〉(〈동방견문록·하멜표류기〉) 을유문화사, 1983, p.382~395, 국사편찬위원회, 〈한국사〉 32권, p.489 재인용
8 김양선, 〈한국기독교사 연구〉, 1971, p.39

에 걸쳐 조선에 표착하는 일이 발생하는데, 1855년 미국 포경선 투부러더즈(Twobrothers)호의 강원도 통천 앞바다 표착과 1866년 5월 미국 상선 서프라이즈(Surprise)호의 평안도 철산 표착이 그 것이었다. 이때 조선에 표착한 선원들은 관례에 따라 청으로 소환되었다.

하멜표류기

서양인들의 표착은 조선의 존재가 서양의 인식권으로 들어가는 과정을 상징하는 것이기도 하겠으나, 그것은 조선이 기독교와 조우하는 사건들과는 무관한 것이었다.

조선을 탐사한 서양인들

프랑스의 라페루즈 선장

'해가 비치기 시작하자 안개가 걷히면서 정확한 위치를 파악할 수 있었다. 우리는 지금 어떤 서양 선박도 통과한 적이 없는 대한해협을 지나고 있다. …'

1787년 5월 25일 부쏠(Boussole)호와 아스트롤라브(Astrolabe)호가 제주도 남단에 이르렀을 때, 프랑스인 선장 라페루즈(La Perouse)는 이런 기록을 남겼다. 이로써 그는 계획을 세워 조선의 근해를 탐사한 최초의 서양인이 되었다.[9]

두 척의 범선에는 승무원을 포함하여 천문, 지리, 생물, 물리, 의학, 공학, 예술 등 각 분야의 뛰어난 학자들 250여 명이 승선해 있었다.[10]

선박 건조만도 3년여의 기간이 소요되는 등 거액을 투입해 준비된 이 탐사는 18세기 중반 들어 해상권의 우위를 놓고 영국과 경쟁을 벌여야 하는 프랑스의 자존심이 걸려 있었다.

---

9 백성현, 이한우, 〈파란눈에 비친 하얀 조선〉, 새날, 1999, p.91
10 백성현, 이한우, 〈파란눈에 비친 하얀 조선〉, 새날, 1999, p.93~94

라페루즈 탐사대는 조선의 육지를 탐사하며 해안가의 촌락과 가옥들까지 표기된 정밀 해도를 작성했다. 그사이 조선 해안의 산봉우리에는 황급히 봉화가 올랐는데, 조선인들로서는 서양의 배와 처음 마주친 순간이었다. 조선은 탐사선 두 척을 내보내 두 시간 동안 라페루즈 일행의 선박을 추적했다.

이 시기 조선은 서학 서적의 반입을 엄격히 금지하는 등 서양에 대해 강경한 경계 태도를 견지하고 있었다.

라페루즈 탐사대는 동해로 올라가다가 이틀 후인 5월 27일 이른바 '지도에 없는 미지의 섬'을 발견하고 접근했으나 파도가 높아서 상륙할 수는 없었다. 이들이 '다즐레(Plan do Isle DAGELET)'라고 이름을 붙여준 이 섬은 바로 울릉도였다.

그 후 귀로에 오른 라페루즈 일행은 남태평양 솔로몬 군도 부근에서 암초를 만나 모두 실종되고 만다.[11]

영국의 브루톤 선장

프랑스의 라페루즈 선장의 조선 방문으로부터 약 10년 후인 1797년 10월 14일 영국의 브루톤(William Robert Broughton) 함장이 지휘하는 프로비던스(Providence)호가 부산 용당포 해안에 상륙했다.[12]

400톤 급 포함(砲艦: 대포 16문)으로 탐사 항해에 올랐던 브루톤 함장 일행은 2차 탐사 도중 모선이 난파되는 바람에 부산에 기착했다. 기착할 당시에는 종선 한 척에 35명의 대원이 올라타 있는 상황이었다.[13]

11 백성현, 이한우, 〈파란눈에 비친 하얀조선〉, 새날, 1999, p.92
12 백성현, 이한우, 〈파란눈에 비친 하얀조선〉, 새날, 1999, p.99
13 김재승, 〈근대한영해양교류사〉, 인제대출판부, 1997, p.31~32

그동안의 서양인들이 조선 땅에 들어와 직접 주민과 접촉한 일이 전무 했기 때문에 이 배가 영국 군함이며 해안탐색 계획에 따라 입항한 것이라는 사실을 용당포 주민들은 전혀 알지 못했다.[14] 이들 영국인들은 자발적으로 조선에 내박(來泊)하여 조선인과 대면한 첫 서양인이었던 것이다.

정조실록에는 이 일에 대하여 삼도통제사(三道統制使) 윤득규(尹得逵)가 '동래부사 정상우(鄭尙愚)가 알리는 소리를 듣고서 용당포로 달려가서 표도한 사람을 보니 코가 높고, 눈이 파란 것이 서양 사람 같았습니다. 또한 싣고 있는 화물을 보니 유리병, 천리경, 구멍 없는 은잔이 모두 서양산이었습니다. … 우리를 대하고 손으로 대마도 근처를 가리키면서 입으로 바람을 부는 것이 바람을 기다린다는 뜻인 것 같았습니다. 명령하여 그들이 원하는 대로 바람을 기다렸다 보냈습니다'라고 보고한 것으로 되어있다.[15]

한편 브루톤은 일지에 다음과 같이 조선 상륙 당시를 자세하게 기록하고 있다.[16]

● 10월 13일
1시부터 북서 41도 22마일 방향을 항해하고 나아가자, 우리는 코리안 해안에 가깝게 되었다. … 우리는 서쪽을 향해서 항해했다.

육지가 가까워지면서 우리는 해안을 따라 산재해 있는 몇 개의 마을을 관측하였다. 해안은 굴곡이 심했고, 피항지가 있는 것처럼 보였다. … 정오 이후, 곧 우리는 고기잡이 배들을 보았고, 그들 중 하나가 우리에게 오도록 손짓을 하였다.

---

14 김재승, 〈근대한영해양교류사〉, 인제대출판부, 1997, p.259
15 김재승, 〈근대한영해양교류사〉, 인제대출판부, 1997, p.261
16 김재승, 〈근대한영해양교류사〉, 인제대출판부, 1997, p.182~187

그들의 손짓으로 우리는 북서 방향의 트인 곳으로 들어가는 것이 적격이라는 것을 알고서 그곳으로 들어갔다. 입구 북쪽 지점에서 우리는 해안에서 약간 떨어져 있는 몇 개의 큰 검은 바위(현재 오륙도)를 보았다.

● 10월 14일

이른 아침에 이상한 배를 보기 위해 호기심 가득한 남자, 여자, 어린이들을 배에 태우고 와서 우리 배 주위에 둘러섰다. … 아침에 우리는 물을 찾아 해안을 상륙하여 사람들이 사는 마을로 갔다. … 가까운 마을로 갔을 때 그들은 우리가 더이상 나아가지 못하게 막았고, 우리는 그들의 요청에 따랐다. … 그들은 무엇 때문에 우리가 자기 나라에 왔는지 알고 싶은 것처럼 보였다.

그러나 서로 의사소통이 거의 되지 않아 그들을 만족하게 해주지 못하는 것이 안타까웠다. … 우리는 가까이 있는 남쪽 높은 언덕으로 오르기 위해 상륙하여 거기서 방위각을 측량했다.

● 10월 15일

그들은 우리에 관해 많은 질문을 하였고, 우리가 보기에 그들은 우리가 빨리 떠나주기를 바라는 듯했다. 나는 나무, 물, 그리고 신선한 식료품이 필요하기 때문에 갈 수 없다고 설명했다. …

오후에 그들은 항아리와 물통에 물을 담아 공급해 주다가, 나중에는 좀 더 빠르게 공급하기 위해 우리 배에 있는 물통으로 직접 날라주었다. 물은 육지에서 배로 질서정연하게 잘 공급되었다.

부산항에 기착한 탐사선 프로비던스호의 조선해역 탐사 활동은 부산포를 중심으로 극히 제한적인 범위에서 이루어졌다. 그나마 자세히 실측한 것이 아니라 선상이나 구명정에서 측량한 것이라서 영도(影島)가 육지로 조사되는 등 오류도 적지 않았다.[17]

브루톤 일행은 10월 27일에는 제주도 서북 해안에 도착해 탐사 활동을 벌이기도 했다. 그리고 11월 2일 마카오로 귀환했다가, 다음해인 1798년 5월 28일 스리랑카 해역까지 또 한번의 장기 탐사 항해를 마친 후 1799년 2월 본국으로 귀환했다.

해양을 통한 서양인들의 접촉이 있었지만, 그것 역시 어디까지나 '지리상의 발견'이라는 차원에서 이루어진 탐사였을 뿐 여전히 기독교 선교와는 무관한 것이었다.

기독교 씨앗은 바로 그의 다음에 오는 서양인, 바실 홀과 클리포드의 손에 들려있었다.

---

17 김재성, 〈근대 해양 교류사〉, 인제대 출판부, 1997, p.26

천주교의 조선 진입 시도

세스페데스

은자의 나라 조선을 처음 찾아온 서양의 천주교 신부는 세스페데스 (Father Greforio de Cespedes)였다. 그는 원래 일본에서 활동하고 있었으나, 도요토미 히데요시(豊臣秀吉)가 1592년 조선을 침략하자 천주교 신자였던 일본군 지휘관 고니시 유기나가(少西行長)의 초청으로 조선에 입국하게 되었다.

그는 1593년 12월 27일에 조선 남해안에 도착했고, 웅천(熊川)의 고니시 진영에 머물면서 2,000여 명의 일본군 천주교 신자들을 대상으로 성사를 집전했다. 이때 그가 조선인과 접촉했다는 기록은 없으며, 다만 일본으로 돌아가는 도중 대마도에 피랍되어 있던 조선인 소년 한 명에게 빈센떼(Vincente)라는 세례명으로 세례를 주었다는 기록이 있다.[18]

이후 리치(Matteo Ricci)가 1599년 2월 6일 남경에서 코리아(Corea)에 대한 관심을 언급한 일이 있었고, 조선에 대한 이러한 관심은 1618년에 도미니크회 선교사인 스페인 출신의 후안(Juan)이 두 동료와 함께 조

---

18 국사편찬위원회, 〈한국사〉 32권, p.482

선 입국을 시도한 것으로 이어졌다.

그러나 입국은 실패하고 동료들이 필리핀으로 회항을 하자, 후안은 단신으로 일본에 상륙했다가 체포되어 그곳에서 옥사했다.[19]

1637년부터 청의 인질이 되어 심양에 머물고 있던 소현세자(昭顯世子)가 중국 주재 선교사 아담 샬(Adam Schall)을 만나 1644년 9월 19일부터 약 70여 일 간 북경에 체류하면서 교류를 나눈 일 역시 천주교의 조선 선교 의지를 자극했다.

1650년과 1652년 산타 마리아(Antonio Caballero de Santa Maria) 신부가 북경으로부터 조선 입국을 시도한 것은 샬의 권고에 따라 이루어진 것이었다. 샬은 모든 서류를 갖추어 주고 조선에 대한 상세한 정보를 제공하며 산타 마리아 신부의 조선 입국을 주선했지만 결국 실패하고 말았다. 그 후로도 샬은 조선에 입국하기 위해 산둥반도에서 출발하는 해로 입국을 시도하는 등 노력을 기울였으나 역시 성과를 거두지 못했다.[20]

1684년에는 프랑스 출신 예수회 신부였던 피아밍고(Antoine Thomas Fiamingo)가 선교를 위해 조선 입국을 시도하지만 실패했다.

레지스(Regis) 신부를 도와 중국 지도를 작성한 바 있던 예수회 선교사 프리델(Xavier Fridell)은 1712년경 조선 선교를 위한 조선 지도를 작성하기도 했다.

1791년까지만 해도 조정에서는 천주교도들을 그다지 심하게 탄압하지는 않았다. 교도들에 대한 극심한 탄압은 조상의 신주를 불에 태운 두 사람, 윤지충과 권상연을 처형한 데서 비롯되었다.

윤지충은 벼슬이 진사(進士)였다. 그해 11월에는 천주교에 몰두한 고위 관리가 체포되어 동지사(冬至使)의 서장관(書狀官)을 지낸 이승훈을 삭

---

19 국사편찬위원회, 〈한국사〉 32권, p.482~483
20 국사편찬위원회, 〈한국사〉 32권, p.483~484

직했고, 권일신(權日身)은 제주도로 귀양을 가기에 이르렀는데, 이 사건
이 신해박해(辛亥迫害)였다.

중국인 주문모

1794년 이번에는 서양인이 아닌 중국인 주문모(周文謨) 신부가 조선
에 들어가는 데 성공을 거두었다.

그러나 조정에서 1784년 기독교 금지령을 내린 바가 있었으므로 전
도 활동은 매우 어려웠다. 설상가상으로 1795년 주 신부를 안내했던 사람
들이 고문 끝에 죽임을 당하자 주 신부는 3년 동안 천주교 교인의 집에 숨
어 지냈다.

그는 자신이 나타나면 박해가 중지될 거라는 기대로 자수를 선택하게
되지만, 그를 숨겨준 교인들과 함께 1801년 5월 31일 사형당하고 만다.
그해에만 모두 300여 명의 교인이 순교를 당하게 되는 데 이것이 신유박
해(辛酉迫害)였다.

이때 천주교 교인인 황사영이 로마 교황에게 편지를 써서 군대를 파
견하여 강제로라도 종교의 자유를 허용케 해달라고 요청을 하는 일이 있
었다. 이를 계기로 조정의 기독교에 대한 경계심은 더욱 강해졌고, 1810
년, 1815년, 1819년, 1826년 등 박해가 계속 이어지게 되었다.[21]

모방 신부

1832년에는 시암(Siam)에 주재하던 선교 감독 부르귀에르(Barthelemy

21 곽안전, 〈한국교회사〉, 대한기독교서회, 1961, p.4~5

Brufidre)가 교황청에 조선 파송을 신청하고 조선으로 가던 중 만주 국경지대에서 세상을 떠났다. 이에 중국에서 활동하고 있던 모방(Pierre Maubant)이 대리로 임명되어 의주를 통해 입국을 시도하여 1836년 마침내 조선의 서울에 도착함으로써 그는 조선에 들어온 최초의 서양인 신부가 된다.

이듬해에는 샤스땅(Chastan) 신부와 앵베르(Imbert) 신부가 각각 조선에 입국하여 교세를 키워간다. 그러나 2년 후 조선에 들어온 세 명의 신부는 조정에 체포되어 출국을 요구받았다. 그러나 이를 끝내 거절한 후 용산 근방의 한강 모래밭에서 모두 순교하였다.[22]

1839년의 이 사건이 기해박해(己亥迫害)다.

이 외에도 김대건 신부의 순교를 계기로 발생한 1846년의 병오박해(丙午迫害)와 한 달 간격으로 프랑스인 신부 9명이 죽임을 당한 1866년의 병인박해(丙寅迫害) 등은 천주교에 행해진 박해였다. 1849년 철종이 등극하면서는 그의 재위 기간 내내 천주교에 대해 너그러운 정책을 폈으나, 철종이 후사도 없이 죽자 1863년 12세의 고종이 새롭게 등극했다.

고종의 아버지 흥선대원군은 어린 고종을 대신해 실질적으로 권좌에 올라 통치를 하면서 천주교에 대해 적대적인 태도를 보였다.

그리하여 그는 1866년에 박해를 하여 조선에 들어와 있던 외국인 신부 12명 중 3명을 제외한 9명의 신부를 처형했다.

이것이 병인박해(丙寅迫害)다. 순교한 신부들은 베르뉘(Bishop Berneus), 브르테니에르(Simon Bretenieres), 볼리외(Bernard Beaulieu), 도리(Pierre H. Dorie), 프티니콜라스(Michael Petinicolas), 푸르티에(Jean A. Pourthie), 다블뤼(Marie A. Daveluy), 오메트르(Pierre Aumaitre), 우엥(Marin Huin) 등이었다. 1865년부터 3년 동안

---

22 H. B. 헐버트, 신복룡 역주, 〈대한제국멸망사〉, 집문당, 1999, p.144

집중적으로 이루어진 대원군의 천주교 대탄압은 천주교의 세를 거의 멸절하다시피 하여 이후 10년 동안 프랑스 신부들은 조선에 발을 들여놓을 수조차 없었다.[23]

그러나 이들의 조선을 향한 줄기찬 도전과 희생은, 샤스땅 신부가 죽기 직전 서신에 남겨놓은 것처럼, '슬픔이기보다는' 머지않아 조선의 기독교의 싹이 틀 것을 예고하는 '아름다운 순교'이며 '커다란 감사의 축제'였다고 해야 할 것이다.

---

23 곽안전, 〈한국교회사〉, 대한기독교서회, 1961, p.8

"아브라함이 그 땅 이름을 여호와 이레라 하였으므로
오늘날까지 사람들이 이르기를
여호와의 산에서 준비되리라 하더라"

(창세기 22장 14절)

Chapter

02

예시된 복음의 땅, 백령도

　　한국 기독교의 역사는 19세기에 바깥으로부터 밀려든 선교의 물결과 더불어 시작된다. 그 물결이 가장 먼저 닿는 곳은 서해의 대청군도와 인근 해역이었다. 이는 19세기에 동아시아가 유럽 각국의 영유를 둘러싼 각축장이 되었던 탓이지만, 내부적으로는 대청군도와 인근 해역이 바깥 세계와 접촉하는 해상 교통의 요충지이기 때문이었다.

　　따라서 한국 기독교의 맹아였던 19세기 복음화의 자취를 좇으려면, 우리는 대청군도와 그 인근 해역을 먼저 찾지 않을 수 없다.

　　백령도는 대청군도 안에 있는 섬들 가운데 하나이다. 19세기의 복음화 과정에서 백령도의 입지는 매우 선구적인 것이었으며, 그것은 하나님이 예시하신 것임을 확인할 수 있다.

백령도
1

서해: 대청군도와 인근 해역

청도

대청군도(大靑群島)는 대청도, 소청도 등 일군의 섬들을 지칭하는 말이다.

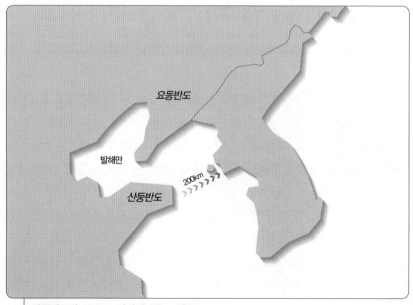

산둥반도와 200km 거리에 있는 대청군도

대청도와 소청도는 오래전에 대소를 구분하지 않고 모두 청도(靑島)라 불렸다. 청도라는 이름이 붙게 된 것은 청도가 중국의 산동반도(山東半島)와 불과 오백리(200km)의 거리를 두고 있는 데서 기인한다. 중국과의 해로 교통이 왕성했던 시대에 산동반도에서 출발한 배들이 동쪽으로 항해를 하다가 먼저 눈에 띄는 섬들이 바로 청도였던 것이다. 청(靑)은 푸르다는 의미 외에도 동(東)을 지칭하는 문자였다.[24] 따라서 동쪽의 섬이란 뜻의 청도는 중국쪽에서 접근한 우리 땅의 지명인 셈이다.

대청일통천하전도_귀츨라프, 1845년

대동만

～～～

대동만(大東灣)은 대청군도와 장연군(長淵郡) 사이에 오목하게 휘어져 들어간 바다를 말한다. 바다 가운데에는 월내도(月乃島)와 육도(陸島)를 넓게 감싸 안고 있다.

---

24 ① 〈現代漢韓辭典〉, 동아출판사, p.685

② 한영우, 안휘준, 배우성, 〈우리 옛 지도와 그 아름다움〉, 효형출판, 1979, p.35

옛날부터 우리나라엔 방향을 나타내는 5방색(五方色)이 있었다. 남쪽은 적색(赤), 북쪽은 흑색(黑), 동쪽은 청색(靑), 서쪽은 백색(白), 중앙은 황색(黃)이 그것으로, 우리의 고지도(古地圖)나 일상생활에서 일반적으로 사용되었다.

대동반도(大東半島)는 장산곶까지 뻗어 나온 작은 반도인데, 혹자는 장산반도(長山半島)라고 하지만 그건 잘못된 것이다.

대동만이나 대동반도의 대동(大東)은 문자 그대로 중국의 동쪽에 위치해 있는 큰 나라라는 뜻으로 바깥 세계의 시선이 반영된 이름임을 알 수 있다.[25]

장연

대동만 연안의 지명에는 장연(長淵), 장산곶(長山串), 장련(長連) 등 장(長)자가 붙은 것이 눈에 띈다.

장(長)은 어른, 우두머리, 장관 등 여러 의미로 쓰이는 다의어이다. 앞의 지명들의 경우에는 장남(長男), 장자(長者), 장손(長孫) 등과 같이 첫번째라는 뜻으로 쓰였다.[26]

중국, 일본에서도 해안 지명에 장(長) 자가 사용되는 경우가 많은데, 해상에서 들어오는 선박이 첫 번째로 접근하는 지역이라는 의미에서다.

이처럼 대청군도와 인근 해역들의 지명에서 우리는 이 지역이 바깥 세계와 접촉하는 교통의 요충지로서 정치, 경제, 문화 등의 해상 경계를 이루는 곳임을 알 수 있다.

대(對) 중국 방어의 군사적 기지이면서 동시에 해상을 통한 대(對) 중국 교류의 중요한 길목이었음을 지명들이 웅변해 주고 있다.

---

25 〈韓國史大辭典〉, 교육출판공사, 1981, p.396
26 〈漢韓辭典〉, 금성출판사, 1994, p.1555

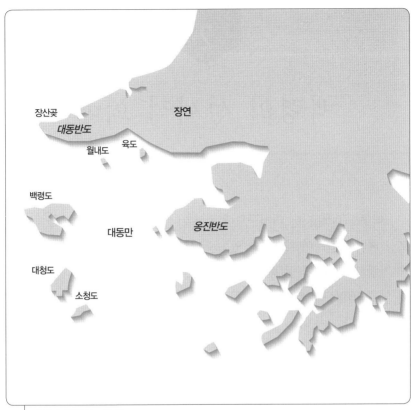

장산곶　　　　　　장연

대동반도

월내도　육도

백령도

대동만　　　옹진반도

대청도

소청도

대동만 연안의 지명들

백령도
2

백령의 성서적 의미

백령도(白翎島)는 대청군도에 속하는 섬들 가운데 하나다. 황해도 장연군 해안에 깊숙이 자리잡고 있는 이 섬은 면적이 45㎢로 대청군도 가운데 가장 크다. 청이 동(東)을 나타낸다면 백은 서(西)를 나타내는 문자였다.[27] 즉 백령도의 백(白)은 서해를 지칭하는 것으로, 우리의 시선이 반영된 지명이다.

백령(白翎), 이 섬의 지명에서 우리는 성서적 의미를 찾을 수 있다. 백령의 령(翎)은 령(令)과 우(羽)의 합성어이다. 이때 령(令)은 명령 또는 지시를 내린다는 의미이다.[28] 명령이란 일반적으로는 최고 통치권자가 내리는 것이다. 그리고 우리에게 명령권자는 당연히 인간 세계를 포함한 우주 만물을 다스리시는 섭리자(하나님)가 된다.[29] 한편 우(羽)는 날개 혹은

---

27 ① 〈漢韓辭典〉, p.1038

② 한영우, 안휘준, 배우성, 〈우리 옛지도와 그 아름다움〉, 효형출판, 1979, p.35

28 〈漢韓辭典〉, p.84

29 이상근, 〈신약주해〉, 대한예수교 장로회 총회 교육부, 1979, 마태복음 6장 25절~32절 위의 구절에서 성경은 인간을 포함한 우주 속에 존재하는 온갖 사물과 모든 현상이 이를 다스려 나가는 하나님의 섭리 가운데서 지배되고 통제된다는 것을 분명히 밝히고 있다.

돕는다는 뜻으로,[30] 이는 보호하시는 여호와의 날개를 떠올리게 한다. 결국 령(翎) 속에는 섭리자의 신력에 의해 보호받는 영역이라는 의미가 들어 있는 것이다.

하나님의 보호 아래 놓이는 날개에 대한 말씀은 시편 57편 1절에 잘 나타나 있다. 다윗이 사울 왕을 피해 다니다가 국경지대의 험한 땅에 숨게 되었는데 이곳이 바로 그 유명한 아둘람 굴이었다. 아둘람 굴은 마실 물도 없고 양식도 없는 데다가, 사울 군대에 잡히면 그 날로 죽을 수 있는, 그야말로 막다른 골목이었다. 그런데 뜻밖에도 아둘람 굴에 몸을 숨긴 다윗에게로 사람들이 모여들기 시작했다. 이들은 대부분 환난당한 자와 빚진 자, 마음이 원통한 자로 이때 모여든 자가 4백이나 되었다고 성경은 전하고 있다. 아둘람 굴 속에서 사람들은 무릎을 꿇고 여호와의 날개 그늘 아래 피신해 있음을 감사했다.

'하나님이여 나를 긍휼히 여기시고 나를 긍휼히 여기소서 내 영혼이 주께로 피하되 주의 날개 그늘 아래서 이 재앙이 지나기까지 피하리이다.'(시편 57:1)

피신처였던 아둘람 굴은 곧 대제국을 이룩하는 결속과 화합의 기점이 되었다.[31] 후일 다윗은 이로부터 하나님께서 허락하신 강력한 다윗 왕국을 이루게 되었다. 아둘람 굴의 대역사를 이룩해 보시려는 하나님의 신비스러운 의지가 백령도의 이름 속에 묻혀 있었음을 이제 한국 기독교 복음화 역사 속에서 확인해 보려 한다.

---

30 〈漢韓辭典〉, 금성출판사, p.1026
31 김진홍, 〈바닥에서 살아도 하늘을 본다〉, p.40~42

"여호와께서 가라사대 보라 날이 이를지라
그 때에 밭 가는 자가 곡식 베는 자의 뒤를 이으며
포도를 밟는 자가 씨 뿌리는 자의 뒤를 이으며
산들은 단 포도주를 흘리며
작은 산들은 녹으리라"

(아모스 9장 13절)

Chapter

03

복음의 씨앗이 서해로 밀려들다

　　산업혁명으로 자본과 힘을 갖춘 서구 제국들은 대량 생산된 상품을 소비할 시장과 지속적인 생산을 위한 원료 공급지를 찾아 세계 각지로 세력을 뻗쳤다. 19세기가 되자 이 세력은 아시아 국가들에까지 그 영향을 미쳤다.

　　특정 지역을 세력 안으로 넣는 이 과정에는 기독교 복음화가 동반되었다. 복음의 씨앗이 정치적인 혼돈 속에서 뿌려지다보니 저항도 만만치 않았다. 바깥으로부터의 도전에 대한 아시아 국가들의 응전은 쇄국정책이었다. 개신교보다 이미 200년쯤 앞서 조선에 전파된 천주교의 경우 이러한 정치적 연장선상에서 여러 차례에 걸쳐 극심한 탄압을 받아야 했다. 그래서 기독교의 첫 복음이 조선의 서해를 찾아들 때에, 선교사들은 조선의 격렬한 저항과 마주쳐야만 하는 운명이었다. 선교의 길은 결코 순탄치 않을 것이 예견되었다.

　　그러나 인간의 역사 위에서 하나님의 역사가 이루어지는 것이기에, 서서히 복음은 서해로 찾아들고 있었다.

클리포드 해군 대위와 바실 홀

1816년 2월 두 척의 영국 해군 함정이 영국을 출발했다. 한 척은 맥스웰 대령(Murray Maxwell)이 지휘하는 알세스트(Alceste)호였고, 다른 한 척은 바실 홀(Basil Hall) 중령의 리라(Lyra)호였다. 배에는 암허스트(Count Amherst) 백작을 태우고 있었는데, 그는 중국 주재 대사로 부임하기로 되어 있었다.

두 척의 함대는 멀리 아프리카 해안을 돌아 6개월 여의 긴 항해 끝에 8월 11일 중국의 발해만에 대사를 내려줌으로써 소임을 다한 듯했다. 하지만 사절단을 무사히 데려다주고 광동에 정박해 있는 동안 본국 정부로부터 훈령이 내려왔는데 그것은 조선의[32] 서해안 일대를 근접 탐사하라는 것이었다.[33]

조선에 대한 정확한 정보가 없었던 영국 해군은 이 기회에 조선 서해안의 해안도(海岸圖)를 작성하고, 지역 주민에 대한 정보를 수집하려했던

---

[32] 당시는 엄연히 조선시대였으므로 '조선'이라 명기해야 정확하나, 대부분의 교회사 관련 글들은 '한국'이라 명기하고 있다. 이는 기술 시점과 더불어 당시 조선이 국제적으로는 '코리아(Korea 혹은 Corea)'라고 불렸던 데서 기인하는 것으로 보인다. 그러나 이 책에서는 통시적인 맥락일 경우 한국으로 명기하되, 역사적인 맥락에서는 조선으로 명기했다.
[33] 김광수, 〈한국민족기독교백년사〉, 교문사, 1978, p.20

백령도에 온 바실 홀과 당시 범선

것이다.[34]

두 척의 함대는 알세스트호를 선두로 산둥반도를 떠났다. 항로는 동쪽이었다.

백령도에 첫 발을 딛다

9월 1일 이들은 대청군도 앞 바다에 닿았다. 이들이 배를 정박시킨 곳은 백령도와 대청도의 중간 지점이었는데, 오전 아홉 시경이었다. 맥스웰 대령은 즉시 인근 도서와 해안의 시찰에 나섰다. 매달고 다니던 소형 보트가 내려지고 맥스웰 대령과 홀 중령, 클리포드(H. J. Clifford) 해군 대위, 브라운(C. W. Browne) 해군 생도, 중국인 등이 보트에 올랐다. 보트는 가까운 섬의 포구를 향해 다가갔다.[35]

이들이 접근하고 있던 섬은 바로 백령도였다. 그리고 이들이 첫발을 내딛게 될 포구는 후일 백령도 최초의 모 교회를 탄생시킨 바로 그 중화동(中和洞) 포구였다.[36]

34 김인수, 〈간추린 한국교회의 역사〉, p.50
35 B홀 지음, 〈조선서해탐사기〉, 집문당, 1999, p.11~12
36 B홀 지음, 〈조선서해탐사기〉, '알세스트호와 리라호의 서해탐사로', p.22

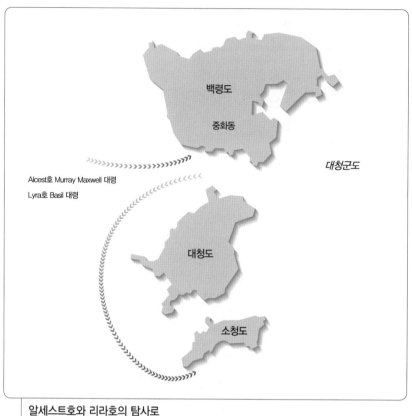

백령도

중화동

대청군도

Alcest호 Murray Maxwell 대령
Lyra호 Basil 대령

대청도

소청도

알세스트호와 리라호의 탐사로

　한편 포구 쪽에서도 조선의 진군(津軍)들이 작고 빠른 거도선(居刀船)을 몰아 낯선 이양선(異樣船)으로 향했다.[37] 중화동 요망대(瞭望臺)에서 영국 선박을 관측하고 남면(南面)의 장(長)인 풍헌(風憲)의 명령을 받아 거도선을 띄웠던 것이다. 거도선은 이양선에 약 50야드까지 접근하여 동

37 국사편찬위원회, 〈한국사〉 37권, 2000, p.4~5
　이 서양선박들은 조선의 선박과 완연하게 구별되었다. 선체는 태산과 같았고, 범죽(帆竹)은 하늘 높이 치솟아 있었으므로 조선에서는 이 서양 선박들을 이양선(異樣船), 즉 이상한 모습을 한 배라고 불렀다.

태를 주시하였다.

포구에 닿은 맥스웰 함장 일행이 보트에서 내리자, 이색적인 해군 복장에 코가 크고 눈이 파란, 덩치 큰 사내들을 보려고 주민들이 포구로 몰려들었다. 당시 조선에서는 서양인들의 모습이 이처럼 예스럽고 괴상하다(古怪) 해서 외이(外夷), 양적 등으로 부르기도 했다. 영국인들은 그대로 마을로 진입하려 했다. 그러나 요망군과 진군으로서는 외국인과의 교류를 금하고 있는 국법에 따라 이들의 통행을 엄격히 통제하지 않을 수 없었다. 고집스럽게 마을로 들어가려는 영국인들과 그것을 제지하려는 진군간에는 밀고 밀치는 승강이가 벌어졌다.

영국인 일행은 수행한 중국인의 도움을 받으며 손짓 발짓을 하며 자신들의 의사를 전달하려 했지만 소용이 없었다.

영국인들은 산길을 거쳐 겨우 해안 마을로 들어갈 수 있었다. 초가 사십 여 채가 군데군데 흩어져 있는 마을이었다. 마을 한쪽에는 진창 투성이의 물구덩이가 있고, 집들 사이사이에는 쓰레기더미도 있었지만, 동네가 있는 중화동 골짜기는 나무가 무성하지는 않았음에도 몹시 아름답게 보였다.[38]

영국인들은 주민들과 간단한 교역을 시도했다. 그러나 주민들은 유리로 된 술잔을 제외하고는 이들이 가져온 물건에 별 관심을 보이지 않았다. 특히 주민들은 집에서 기르고 있던 황소와 가축들 만큼은 영국인들이 내미는 그 무엇과도 교환하려 하지 않았다. 영국인들은 주민들에게 달러를 선물로 주었지만, 주민들은 받기를 거부했다. 그러나 아무도 보지 않을 경우에는 선물을 받기도 했던 모양이었다.

---

38 B홀 지음, 〈조선서해탐사기〉, 집문당, 1999, p.17~18

클리포드의 선교 활동

이들 영국인 일행 중에는 특별히 주목해야 할 사람이 있었는데, 그는 바로 클리포드 해군 대위였다.

그의 관심은 해로 탐사와는 직접적인 관계가 없는 일에 쏠려 있었다. 특별한 임무가 주어지지 않았던 그는 탐사 기간 내내 방문하는 나라의 언어를 수집하는 등 지식을 획득하는 일에 더 열을 올렸고, 무엇보다도 우선 주민들과 접촉하려 애를 썼다. 이 사내는 그러한 일을 하기 위해 비용의 반을 스스로 부담하면서 탐사선에 동승했던 것이다.

해군 대위의 신분이긴 했지만 후일 류우큐 해군선교회를 만들어 기독교 선교에 심혈을 기울이는 등 탐사선에서 기독교 선교를 전담했던 것으로 보인다.[39] 그는 탐사 지역에서 선교 활동을 하는 데 도움이 될 만한 것들을 준비하여 배에 올랐고, 이제 그 기회를 맞아 선물과 성경, 전도용지 등을 풀어 손수레에 끌고 다니기 시작했다. 그리고 선물로 주민의 관심을 끌면서 선교의 문을 열어보려 했다.[40]

클리포드는 이렇게 백령도에 복음의 첫 씨앗을 뿌렸던 것이다.

우리나라에서 최초로 복음을 전한 사람이 지금까지는 〈조선서해탐사기〉를 낸 바실 홀로 알려져 있지만, 이러한 이유로 이제는 클리포드의 이

---

39 이진호, 〈귀츨라프와 고대도〉, 감리교출판사, 1997, p.121
클리포드는 1843년 류우큐 해군선교회를 창설하였다.
40 ① B홀 지음, 〈조선서해탐사기〉, 집문당, 1999, p.18
② 곽안전, 〈한국 교회사〉, 대한기독교서회, 1961, p.13
당시에 중국 선교사로 있던 모리슨(R. Morison) 목사의 부탁을 받아 가지고 왔던 한문 성경을 주었다.

름이 재고되어야 할 것으로 보인다.

실제로 리라호 함장인 바실 홀은 1818년 〈조선서해탐사기〉란 책을 내면서 클리포드가 쓴 비망록이 직접적인 도움이 되었다고 밝히고 있다. 책의 서문에서 클리포드의 이름은 세 번이나 언급된다.[41]

바실 홀 문정 장면

'이야기를 정리하는 데는 클리포드 해군 대위가 쓴 비망록에서 큰 도움을 받았다. 비록 자신이 비용의 반을 부담하기는 했지만 해군성으로부터 나와 동행하도록 허락을 받은 이 장교는 특별한 의무가 없었으므로 완전히 지식의 획득에만 몰두할 수 있었다. 항해 중에 일어난 많은 재미있는 일들을 기록하는 것은 그의 권한에 속하는 것이었다. 나는 내게 주어진 수많은 의무 때문에 관찰하고 기록할 틈이 거의 없었는데 그가 그 일을 맡아 주었다. … 모든 지도와 도표, 항해 기록은 부록에 넣었다. … 나는 이 부록을 작성하면서 필요한 자료들을 수집하고 정리하는 데 클리포드 씨에게 크게 도움을 받았다. … 유구의 어휘 사전은 전적으로 클리포드 씨가 만든 것인데 일상 쓰이고 있는 낱말과 문장을 수집하느라고 그는 많은 고생을 했다. 그러나 우리가 체류한 기간이 짧아 이 부분은 아주 불완전하지만, 바라건대 앞으로 이곳을 여행하는 어떤 사람이 토착민들과 대화하면서 그것이 크게 도움이 되었으면 하는 마음이다.…'

이처럼 〈조선서해탐사기〉의 대부분의 기록을 클리포드가 담당했을

---

41 B홀 지음, 〈조선서해탐사기〉, 집문당, 1999, p.11

뿐 아니라, 주민에게 성경을 전달하는 선교 활동을 펼친 것 역시 클리포드의 역할이었다고 할 수 있다.

이후 맥스웰 함장 일행은 대청도와 소청도를 거쳤고, 9월 3일에는 외연열도(外延列島)를 지나 충남 서천군(舒川郡) 비인만(庇仁灣)에 이르렀다. 6일에는 고군산도(古群山島), 7일에는 우이군도(牛耳群島)에 도착했다. 10일에는 거차군도(巨次群島)를 지나 제주도(濟州島)를 멀리 바라보면서 서해안 탐사를 끝냈다.

해로 탐사와 더불어 이루어진 선교 가능성 타진은 이렇게 백령도에서 처음 시도되었다.

귀츨라프 선교사

영국 함대가 다녀간 후 그로부터 16년이 지난 1832년, 또 한 척의 영국 군함이 서해안을 찾아들었다. 영국의 동인도회사 소속 군함 암허스트 (Lord Amherst)호였다.

이 배에는 칼 귀츨라프(Karl Friendrick August Gutzlaff 郭實獵) 선교사가 타고 있었다.

귀츨라프는 1803년 7월 독일 포메라니아(Pomerania) 지방의 피리쯔  (Pyriz)에서 유태계 독일인으로 태어났다. 독일 경건주의 운동의 발상지였던 할레(Halle) 에서 신학을 공부하고 목사 안수를 받은 그는 영국 여행 중에 영국 선교사로서 중국 선교의 선구자였던 로버트 모리슨(Robert Morrison) 을 만나 중국 선교사가 될 결심을 굳힌다.[42]

한때 네덜란드 선교회에 소속되어 쟈바 (Java)와 스마트라(Smatra) 섬을 위한 선교사로 부임하기도 했던 그는 얼마 후 영국

---

42 김해연, 〈한국기독교회사〉, 성지출판사, 1999, p.71

회중교회 선교사 메드허스트(Walter H. Medhust)의 제안을 받아 태국(Thailand)으로 파송되지만 두 차례의 선교가 성과를 보지 못한 채 아내마저 잃게 된다. 이때 그는 네덜란드 선교회에 애초 본인이 소망했었던 중국으로 선교지를 옮기고 싶다는 뜻을 비추었으나 허락되지 않자 부득이 영국 선교회로 이전한다.[43]

1831년 그는 중국 선교를 위해 요동반도를 거쳐 마카오로 간다. 거기서 중국 선교를 준비하고 있던 모리슨과 합류한 귀츨라프는 그해 6월부터 약 6개월간 중국 동해안과 만주를 거치는 전도여행에서 많은 성과를 올리게 되고, 이로부터 조선 선교의 가능성을 확인한다.[44]

1830년부터 영국 런던 선교회 파송 선교사의 신분을 갖고 활동하고 있었으므로, 귀츨라프는 교회사적 의미를 강조할 때 한국에 처음 발을 디딘 개신교 선교사로 언급되고 있다.[45]

다만 귀츨라프는 선교사로서 조선에 파송을 받아 온 것은 아니었다. 당시 동인도회사 소속의 1천 톤급 무역선인 암허스트호는 극동아시아 국가에 대한 통상 교섭과 시장 개척의 가능성을 조사하는 임무를 띠고 중국, 조선, 일본 오키나와 등을 순방하는 중이었고,[46] 이 배에 통역 겸 선의(船醫)로 승선하게 된 귀츨라프는 선교사로서 이 순방을 전도의 기회로 삼아 성경과 전도문서와 작은 선물들을 배에 실어두었던 것이었다. 개신교

43 ① 김광수, 〈한국민족기독교백년사〉, p.22
   ② 김대인, 〈숨겨진 한국교회사〉, 도서출판 한들, 1995, p.30
44 김해연, 〈한국기독교회사〉, 성지출판사, p.71
45 ① 이진호, 〈귀츨라프와 고대도〉, 감리교출판사, 1997, p.81
   ② 김인수, 〈한국기독교회사〉, 한국장로교출판사, 1994, p.7
   바실 홀은 서해안 측량을 목적으로 왔다는 이유에서 교회사적 의미를 갖지 못한다는 것.
46 김해연, 〈한국기독교회사〉, 성지출판사, p.71

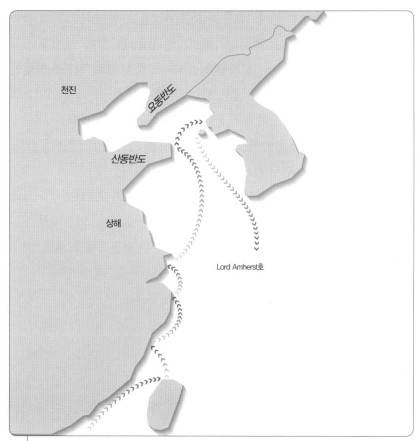

천진

요동반도

산동반도

상해

Lord Amherst호

| 암허스트호 항해로

선교사로서 처음 이 땅에 발을 디딘 사람은 알렌(H. N. Allen. M. D)으로 1884년 9월 미국 북장로교회에서 파송되었다. 한편 안수를 받은 목사 선교사로서는 북장로교회를 통해 정식 임명받은 후 1885년 4월에 제물포에 도착한 언더우드 목사가 최초의 입국자였다.[47]

47 ① 김해연, 〈한국기독교회사〉, 성지출판사, p.70
② 김인수, 〈간추린 한국교회의 역사〉, p.59~61

귀츨라프가 승선한 암허스트호는 1832년 2월 27일 중국 남단의 광동(廣東)을 출발하여 대만(臺灣), 복주(福州), 영파(寧波), 상해(上海)를 거쳐 산둥반도의 위해위(威海威)에 도착했다. 이때가 7월 15일로, 광동을 출발한지 4개월 여의 시간이 흘렀다. 암허스트호의 다음 방문국은 조선이었으므로, 배는 조선에서 가장 가까운 산둥반도에서 묶게 된 것이었다.

7월 16일 이른 아침 암허스트호는 조선으로 가기 위해 닻을 올렸다. 남풍을 후면으로 받으면서 배는 동쪽으로 순항하였다.

동인도회사 소속의 총책임자격인 린제이(Hugh H. Lindsay)가 그의 항해 기록에서 제임스홀 경군도(Sir James Hall's Group 지금 대청군도) 북쪽에 조선의 땅이 약간 보였다고 기록하고 있는 것은 7월 17일로, 배는 순풍을 타고 오백 리 바닷길을 단 하루 만에 횡단한 것으로 보인다.[48]

대범한 진입

대청군도가 보이는 근해에 배가 이른 것은 17일 오전 열 시경이었다. 이 날 오후 다섯 시경에 암허스트호는 백령도와 대청도 사이를 지나 대동만의 한가운데에 배를 멈추고 있었다.

이 무렵은 성어기(盛漁期)였으므로 많은 어선이 고기가 많이 잡히는 대동만과 대청군도 인근 바다에 있었다. 이 중에는 청나라 어선도 상당수였다. 암허스트호는 어선들 사이를 지나 대동만의 소래(松川) 앞바다에 이르렀고, 여기서 귀츨라프와 린제이 일행이 소형 보트로 옮겨 탔다.[49]

이들은 어로 중인 주민들과 대화를 시도했으나 쉽지가 않았다. 한문

48 곽안전, 〈한국교회사〉, 대한기독교서회, 1961, p.13
서양인들은 대청군도의 섬들을 제임스 홀 군도라 불렀다.
49 이진호, 〈귀츨라프와 고대도〉, 감리교출판사, 1997, p.150

을 안다는 어부들과 겨우 필담을 나누었는데, 기록에 의하면 이때 서북쪽의 뾰족하게 튀어나온 반호형의 지명을 묻자 어부 한 사람이 장산(長山)이라고 대답했고, 정서쪽의 웅장하게 보이는 − 거리가 가까우니 그렇게 보였을 것이다. − 섬을 가리키자 이번에는 벙상(PungShang)이라고 대답했다고 한다.

그러나 이 벙상은 백령(白翎)의 오기(誤記)로, 어부들이 흔들리는 배에서 쓰다 보니 '白翎'이 '白翔(돌아날 상)'으로 적힌 것이다. 귀츨라프 일행이 벙상으로 알고 바라보았던 섬은 실은 백령이었던 셈이다. 암허스트호가 볼록하게 돌출한 장산곶 쪽으로 북행하지 않고 오목한 대동만으로 배를 진입시킨 것은 통상교섭과 시장개척이라는 뚜렷한 명분이 있었기 때문이었다. 이들은 조선의 본토에 직접 상륙하기 위해 장연군 앞바다의 섬들을 제쳐두고 장연군 해안 가운데로 과감히 접근했던 것이다.

그러나 막상 대동만 한가운데 배를 대고 보니 막막하기 그지 없었다. 우선 언어가 통하지 않아 큰 문제인데다, 때마침 성어기라서 진군(鎭軍)의 감독 선박이 번번이 왕래하는 터라 분위기가 삼엄했다. 대동반도와 옹진반도(熊津半島), 대청군도 등에 둘러싸인 암허스트호로서는 마치 포위된 듯한 상태였다. 인근 옹진반도의 소강진(蘇江鎭)에는 황해도 수군(水軍)을 거느리는 수영(水營)의 행영(行營)이 자리잡고 있어서, 직접 상륙할수도 없었다. 결국 암허스트호는 북서진하여 장신곶을 돌아 첫 번째 마주치는 섬에 닻을 내릴 수밖에 없었다. 이 섬은 바로 큰 섬(大島)이었다.[50]

큰 섬은 실제로는 해안선이 칠백 미터 정도밖에 안 되는 작은 섬이었다. 여름 성어 기간이었으므로 많은 어민이 임시로 움막을 짓고 거주하고

---

50 귀츨라프는 큰 섬(大島)을 장산도로 오인했다. 귀츨라프는 장산곶을 휘감고 돌아 북상하다가 마주친 이 큰 섬을 장산곶 인근이기 때문에 장산도로 기록해 버린 것이다.

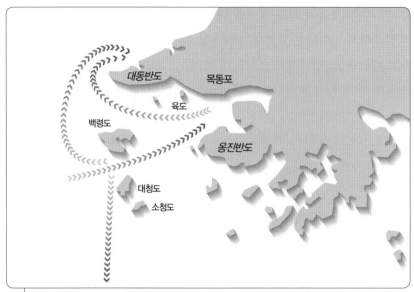

귀츨라프 선교사 대동만 항해로

있었을 뿐이었다.

대동만에서 쫓겨난 암허스트호

귀츨라프 일행은 큰 섬에 상륙하였다. 늦은 저녁이었지만 여름 해가
길어서 아직 날이 저물지 않고 있었다.

벽촌 주민들의 남루한 행색과 움막 등을 보고 그만 업신여기는 마음
이 생긴 것일까. 이들은 몰려든 주민을 헤치고 거침없이 부락을 향해 발
길을 옮겼다. 그러나 이것은 주민들의 감정을 자극하는 태도였다.

귀츨라프 일행은 큰 섬의 진군(津軍)과 요망군(瞭望軍)에 의해 단호한
제지를 받았다. 사실 이곳 큰 섬은 뒤에 있는 몽금도와 함께 이 지역 해안
일대의 방어를 책임지는 조니진의 전방 경계 및 관측기지의 역할을 담당

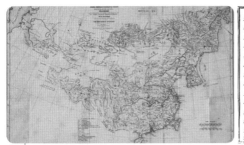
귀츨라프의 항해도

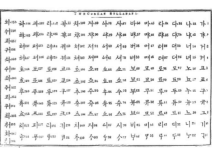
귀츨라프가 만든 한글 교본

하고 있었다. 이양선 등이 무례하게 침입하면 1차적인 저지선이 되는 곳
이었으므로 진군이나 요망군들이 적극적으로 막아선 것은 당연한 것이기
도 했다.

진군의 책임자와 귀츨라프 일행간에 의사소통이 시도되었다. 진군 중
에 중국말 몇 마디를 이해하는 사람이 있어서 해변에 한문을 손가락으로
써가면서 필담을 주고 받았다.

그러는 사이에 진의 책임자에게 성경이 포함된 몇 권의 책과 사자 무
늬가 새겨진 단추가 전달될 수 있었다.

그러나 긴긴 여름 해가 어느덧 저물자 일행은 마을로 밀고 들어가기
를 단념하고 일단 암허스트호로 철수할 수밖에 없었다. 주민들은 귀츨라
프 일행이 해변을 내려가려는 기색이 보이자 비로소 일행에게 책과 선물
을 받은 답례로 담뱃대와 담배를 건네주었다.

이튿날인 7월 18일 아침, 귀츨라프를 비롯한 일행 여덟 명과 선원들
이 보트를 타고 큰 섬에 다시 상륙했다.[51] 귀츨라프 선교사를 제외하고는
모두 단검과 권총으로 무장을 하고 있었는데, 은연중에 위압감을 주어 뜻
을 이루려 했던 것이다.

51 이진호, 〈귀츨라프와 고대도〉, 감리교출판사, 1997, p.150

이들이 해변에 닿자 주민들이 몰려들었다. 전날 서로 대화를 나눈 바도 있고 해서 언덕이 있는 마을 앞까지는 순조롭게 안내되었으나 이번에도 그 이상은 한 발도 나갈 수 없었다. 진군이 또다시 제지한 것이다.

귀츨라프 일행은 진군의 책임자를 만나 국왕에게 통상교섭 청원서를 보내달라는 요청을 해보았으나 거절되고 말았다. 주민들은 말끝마다 목이 베인다는 시늉을 보일 뿐이었고, 불가(不可)라는 단어만 되풀이했다.

이것이 귀츨라프 일행이 조선에서 첫 번째 시도한 복음 전파이며 주민 접촉이었다.

일행은 어쩔 수 없이 암허스트호로 철수하여 남쪽으로 항로를 잡아야 했는데, 이때가 7월 18일 정오쯤이었다.

해무의 조화

대청군도 일대에서 무더위가 기승을 부리는 7월과 8월은 남풍인 마파람이 자주 불어 배가 남쪽으로 항해하는 데에 어려움이 많은 시기일 뿐 아니라, 항해에 장애를 주는 해무(海霧)가 시도 때도 없이 끼는 시기였다. 이 같은 사실을 잘 아는 배들은 해무가 몰려오면 재빨리 인근 도서의 포구로 피항(避港)을 하곤 하였다. 그러나 암허스트호는 그러한 기상 상황까지는 파악을 못하고 있었다.

조니진 어귀에서 완강한 거부를 당한 채 남쪽으로 내려오던 암허스트호는 장산곶쪽에 펼쳐진 깎아지른 듯한 선대암들과 대감암(大監岩)으로 불리는 그림 같은 동굴들을 보고 찬탄하였다. 감동이 채 가시기도 전에 마치 예술가가 다듬어 놓은 듯한 돌기둥과 바위들이 연이어 나타나 넋을 잃게 했다. 기암괴석으로 이루어진 암석층은 다양한 형상을 구현하고 있었는데, 작은 벽감이나 처마 장식의 부서진 조각 같은 것도 있었고, 하늘을 찌를 듯한 암벽 가운데 교회 모양을 이룬 것도 있었다. 이 곳은 바로

백령도의 두무진 쪽에 펼쳐진 서해 해금강이라 불리는 유명한 선대암들이었다.[52]

갑자기 안개가 이들을 휘감아 온 것은 배가 두무진의 절경을 막 벗어나고 있을 때였다. 7월의 해무가 이 일대를 덮어버렸던 것이다. 어둠에 빠진듯 한치 앞도 내다볼 수 없는 상황에서 항해는 불가능했다. 해무에 갇힌 배는 바다에 몸을 맡긴 채 멈춰서고 말았다.

백령도에서 이루어진 귀츨라프의 선교 활동

해무가 걷힌 것은 18일 오후가 되어서였다. 그때 암허스트호 앞에 어부 몇 사람이 나타났다. 귀츨라프 일행은 비로소 배가 어느 포구 가까운 곳에 정박해 있었던 것을 알게 되었다. 암허스트호의 의지와는 상관없이 불가항력으로 머물러 선 곳, 그곳은 바로 백령도 최초의 교회가 세워지게 되는 중화동 포구였다.[53]

몇 시간 전 조니진 어귀를 떠나 남쪽으로 향하고 있던 귀츨라프 선교사가 이 포구를 방문하도록 인도하였던 것은 너무나 크고 놀라운 섭리라 할 수 있다.

중화동에서 온 주민들은 귀츨라프 일행을 해안으로 초청하였고, 일행은 포구 주민들의 초청에 기꺼이 응했다.

그런데 외국인이라면 으레 일방적으로 거부하며 돌아서야 할 주민들이 어떻게 스스로 외국 선박을 찾아와 초청까지 하였을까?

외국인을 경계하는 주민들의 태도는 쇄국주의 정책의 분위기에서 기

---

52 이진호, 〈귀츨라프와 고대도〉, 감리교출판사, 1997, p.56
53 이진호 ,〈귀츨라프와 고대도〉, 감리교출판사, 1997, p.56~57

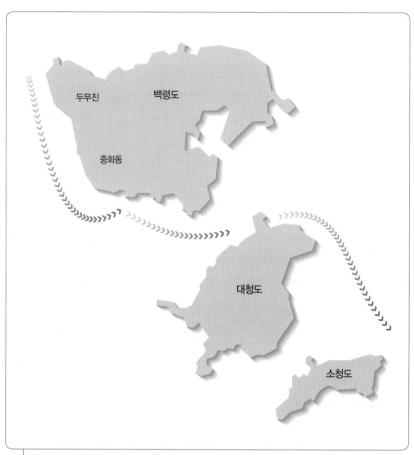

귀츨라프가 해무에 이끌려 정박한 중화동

인한 것일 뿐, 이곳 주민들의 성품은 외국인이라고 해서 무조건 거부만
했던 것은 아니었다. 무력을 앞세워 오만 무례하게 침입해오는 선박이나
외국인일 경우 주민들은 단호하게 저지하거나 물리쳤다. 그러나 사전에
양해를 구하거나 합의가 되었을 경우 주민들은 외국인이라도 우호적인 대
접을 했고, 기상 악화로 조난을 당하거나 피항이 요구되었을 경우에도 역
시 친절한 도움을 주었다.

　해상 교류의 일선에서 살아온 주민들로서는 이곳을 왕래하는 외국선

박과 외국인을 접촉하는 일이 낯설지 않았다. 주민과 외국인들 사이에 물물교환 형식의 거래행위가 이루어지는 것은 공공연한 비밀이었다.[54] 관에서조차 이것을 알면서 짐짓 모른 체 눈감아 주기 일쑤였다.

해안 언덕의 집에서 식사 대접이 있었고 필담을 통해 대화가 오갔다.

여기서도 귀츨라프 선교사는 주어진 기회를 헛되이 하지 않고 성경과 전도지를 나누어 주었다. '이 방문이 무익한 것이 아님을 알게 되었다'는 그의 기록은 바로 이 전도 행위를 염두에 둔 말이 아닌가 생각된다.[55]

귀츨라프 선교사는 이렇듯 기묘한 방식으로 백령도를 찾아와 복음을 전하고 갔다. 그것도 후일 교회가 세워질 중화동 포구에 말이다.

암허스트호의 귀로

암허스트호는 남행을 계속하여 7월 23일에는 충남 보령시 고대도(古代島) 앞에 정박하였고, 여기서도 귀츨라프는 지방관을 통하여 국왕에게 한 질의 성경책과 서한, 선물 등을 보낼 수 있었다.

회신을 기다리는 동안 귀츨라프는 섬사람들을 만나 성경과 전도 문서, 의약품 등을 나누어 주었다. 이때 귀츨라프는 주기도문을 우리말로 번역했는데, 이는 부분적이지만 한글로 성경을 번역한 첫 번째 일로 언급된다.[56] 8월 9일 서울에서 내려온 특사는 귀츨라프가 보냈던 서한과 선물을 돌려주고 외국과 통상할 수 없음을 알려 주었다.

---

54 W. E. 그리피스, 신복룡 역주, 〈은자의 나라 한국〉, 집문당, 1999, p.250~251
55 며칠 후 귀츨라프 일행의 배가 군산만(群山灣) 마량진(馬梁津)에 정박하였을 때, 그들을 맞은 첨사(僉使) 조대복(趙大福)이 최초로 성경을 손에 쥐었다는 주장도 있다.
56 김해연, 〈한국기독교회사〉, 성지출판사, p.72~73

8월 11일 암허스트호는 이곳을 떠났고, 8월 17일에는 제주도를 바라보면서 약 한 달간의 조선 방문을 끝내고, 중국 남쪽에 있는 마카오로 돌아갔다.[57] 조선의 땅이 시야에서 멀어지는 동안 귀츨라프는 갑판 위에 무릎을 꿇고서 다음과 같은 기도를 올렸다고 한다.[58]

나의 전한 복음이 하나님의 섭리 속에서 반드시 열매 맺게 되리라고 확신합니다. 나는 이것을 믿었던 고로 영광에 찬 십자가의 도를 저들에게 전하였습니다.

한국의 국왕이 성경을 받아보게 될지 알 수는 없으나 이곳 주민들은 이미 성경을 받고 있으니 저들을 통하여 복음이 조선의 온 땅에 퍼져 광명의 아침이 찾아오도록 하나님의 축복이 임하기만을 기도할 따름입니다.

57 곽안전, 〈한국교회사〉, 대한기독교서회, 1961, p.14

58 Charles Gulzlaff, 'Journal of Three Voyages along the Coast China', p.355

김광수, 〈한국민족기독교 백년사〉, 교문사, 1978, p.23 재인용

김대건 신부

　　1821년 충남 강진군 우강면에서 태어난 김대건(金大建)은 조부와 부친 모두가 박해로 인해서 순교를 당한 독실한 천주교 가정에서 자라났다. 1836년 15세의 김대건은 모방(Pierre. P. Maubant) 신부에 의해 최양업(崔良業), 최방제(崔方濟) 등과 함께 신부 후보생으로 선발되었고, 마카오로 유학을 떠나 교황청 포교성 동양 경리부(經理部)에 머물면서 서양 학문을 배웠다.

　　경리부의 직원들은 모두 외방전교회의 성직자들로서 부장(部長) 리봐(Libois) 신부, 르그레좌(Legregois) 신부, 칼레리(Callery) 신부, 드플레스(Defleches) 신부 등이 있었다.[59]

　　1842년 11월 김대건은 청국인 교우로부터 기해박해(己亥迫害)의 이야기를 전해 듣고 조선으로 들어가려 하지만 실패하고, 1844년

59 ① 김해연, 〈한국기독교회사〉, 성지출판사, p.56

② 곽안전, 〈한국교회사〉, 대한기독교서회, 1961, p.5

③ H. B. 헐버트, 〈대한제국 멸망사〉, 집문당, 1999, p.144

④ 류홍렬, 〈한국의 천주교〉, 세종대왕기념사업회, 2000, p112~115

에 다시 입국을 시도하다가 실패하게 된다.

계속 학문을 쌓던 김대건은 1845년 8월 17일에 중국 상하이(上海) 부근의 한 마을에서 한국인 최초로 사제서품(司祭敍品)을 받고 24세의 나이에 신부가 되었다. 세례명은 김 안드레였다.

신부가 된 김대건은 그달 24일 주일에 만당(滿堂) 신학교에서 최초의 성례식을 거행하기도 했다.[60]

입국(入國) 그리고 전교 활동

이때 조선에서는 신부들이 모두 순교를 당하여 신부가 부재한 상태였으므로, 김대건 신부는 페레올(Jean J. Ferreol) 고주교(高主敎) 다블뤼(M. A. N. Dateluy) 신부와 함께 충청도 강경(江景)을 통해 입국을 감행하기로 했다.

8월 31일 김 신부는 페레올 고주교 다블뤼 신부와 함께 라파엘(Raphael)이라고 하는 작은 배를 타고 입국 길에 올랐다.[61] 배는 거친 파도를 만나 표류하다가 42일 후인 10월 12일에야 금강(錦江) 유역인 강경포(江景浦) 부근의 황산포(黃山浦) 교우 마을에 닿게 되었다. 여기서 서양 성직자들은 상복 차림으로 변장하고, 밤에 교우들의 영접을 받으면서 상륙하여 교우의 움막집에 짐을 풀었다.[62]

이후 김 신부는 서울, 양지, 용인 지방의 교우들에게 성사를 주었고,

---

60 ① 김광수, 〈한국기독교 순교사〉, 교문사, 1979, p.35
　② 김해연, 〈한국기독교회사〉, 성지출판사, p.55
　③ 곽안전, 〈한국교회사〉, 대한기독교회, 1961, p.6
61 김광수, 〈한국기독교 순교사〉, p.35
62 류홍렬, 〈한국의 천주교〉, 세종대왕기념사업회, 2000, p.116

다블뤼 신부는 두 달 동안 조선말을 배워 충청도 지방을 다니며 성사를 주었다.

이들의 활발한 전도 활동으로 교우의 수가 많아지자, 페레올 고주교는 청나라에서 입국 지시를 기다리고 있던 매스트르리(Ambroise Maistre) 신부와 최양업 부제(副祭)를 불러들일 계획을 세우고 이 일을 김 신부에게 맡겼다.

그동안은 신부들이 만주와 의주로 연결되는 잠입 통로를 활용해서 비밀리에 국내에 들어올 수 있었지만, 1839년 기해박해(己亥迫害) 때 우리나라에 들어와 있던 앵베르, 모방, 샤스땅 등의 신부가 체포되면서 육로 입국이 여의치 않아졌기에 김 신부는 서해상을 통해 바닷길을 알아보기로 했다. 조기 떼를 잡으러 옹진반도와 대동반도 해역에 출어(出漁)하는 청나라 어선을 이용하여 해상지도와 편지를 신부들에게 전하기로 한 것이었다.[63]

백령도 해상에서 배를 물색하다.

1846년 5월 14일 김 신부는 이재용 등 일곱 명의 교우와 함께 임성룡(淋成龍)의 배를 타고 마포(麻浦)를 떠났고, 강화도(江華島)를 경유하여 5월 25일 연평도(延坪島)에 이르렀다.[64] 이곳에서 뱃사공들은 조기를 사서 배에 실었는데, 혹시 모를 불심검문에 대비하려 했던 것으로 보인다. 배는 계속 서행(西行)하여 등산곶(登山串)에 이르렀고 옹진반도를 끼고 돌아

---

63 류홍렬, 〈한국의 천주교〉, 세종대왕기념사업회, 2000, p.118
   해마다 음력 3월부터 5월 사이에는 황해도 연안에 조기 떼가 많이 몰려 청나라 어선들이 그 해역으로 출어하였다.
64 류홍렬, 〈한국의 천주교〉, p.118

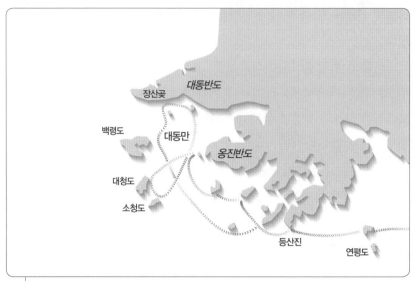

김대건 신부의 청국 어선 물색 경로

순위도(巡威島) 포구에 닻을 내렸다.[65]

　포구에 이르러 이제는 거추장스럽기만 한 조기를 처분해버리려 했지만 사주는 사람이 없었다. 김대건 신부 일행은 조기를 해변에서 절여 말리기로 하고 사공 한 사람을 차출하여 책임을 맡길 수밖에 없었다.

　5월 28일 김 신부 일행은 어둠을 틈타서 심부름을 맡아 줄 청국어선을 찾아 나섰다.

　순위도 서북쪽에 있는 창린도(昌麟島), 기린도(麒麟島), 마합도(磨蛤島) 등 옹진반도 연안과 맞은편의 대청도와 소청도 일대를 물색했으나 허사였다. 다음 날에도 대동만 연안에 있는 월내도 부근까지 북상하여 보았으나 역시 적당한 배를 발견할 수 없었다.

　마지막으로 김 신부 일행이 찾아간 곳은 백령도 부근 동남방 해상이

---

65 류홍렬, 〈한국 천주교회사〉, p.469

었다. 그곳에서 김 신부 일행은 그물을 치고 있던 백여 척의 청국 배를 물색하던 중 가까스로 한 척을 찾아낼 수가 있었다. 배 주인을 넌지시 떠본 결과 믿을 만한 사람이었다.

김대건 신부는 준비해 온 편지와 조선지도 두 매, 황해도 연안의 작은 섬들을 그린 지도 등을 배 주인에게 내주면서 만주와 마카오에 있는 신부들에게 전해달라고 부탁하였다.

조기 때문에 발이 묶이고

6월 1일, 무사히 일을 마친 김대건 신부 일행은 가벼운 마음으로 조기를 말리고 있는 순위도로 돌아왔다. 적어도 여기까지는 일이 잘 풀리는 듯하였다. 그런데 아직 마르지 않은 조기가 김 신부의 발목을 잡았다.

김 신부가 머무는 순위도 인근 해역은 경계가 매우 삼엄한 곳이었다. 옹진군에 황해도 전 수군을 지휘하고 있는 수군절도사(水軍節度使)가 옹진군 도호부사(都護府使)를 겸직하고 있는 지역이며, 매해 3월~8월 성어기에 수사(水使)가 직접 수군전방사령부라 할 수 있는 소강진(蘇江鎭, 순위도의 북쪽)에 수사영(水使營)의 행영(行營)을 설치하고 이곳에서 해역의 경계를 진두지휘하는 곳이었다. 외곽엔 등산진(순위도의 남쪽) 같은 충실한 수군 부대가 있었고, 구십여 척의 병선(兵船)이 인근 바다를 누비고 있었다. 그러니 김대건 신부는 위태로운 줄도 모르고 호랑이 굴에서 시간을 보내고 있었던 셈이었다.

김 신부의 충실한 하인이었던 베랑(Veran)이 지난 박해 때 7년이나 숨어 지냈던 집으로 숨겨둔 돈을 찾으러 간 후, 김 신부는 계속 그 위험한 곳에 머물러 있었다.

6월 5일, 지역 수군관리가 포졸을 거느리고 포구에 나타났다.[66] 그는 어로 중인 중국 배를 멀리 내쫓기 위해 급히 바다로 나가야 하니 마침 해변에 매달아 놓은 김 신부의 배를 좀 빌리자고 부탁했다. 그러자 김 신부는 양반 행세를 하면서 관리들의 요청을 거절했다. 오래전부터 양반 소유의 선박은 빌려 쓰지 못한다는 관례가 있었으므로 김 신부는 자신의 정체를 노출시키지 않기 위해 거절했던 것이었다.[67]

이것이 예상치 못한 엄청난 파장을 몰고 왔다. 김 신부 일행은 그만 괘씸죄로 몰리고 만 것이다. 포졸들은 배 주인인 성룡을 무조건 잡아다가 족치기 시작했고, 뱃사공 엄수(嚴秀)마저 끌어다가 온갖 고문을 거듭하여 김 신부의 미심쩍은 부분을 찾아냈다.

관리들은 순위도 가까이에 있는 등산진 첨사(僉使)로 하여금 즉각 김 신부를 포박하여 옹진군 도호부로 압송토록 했다.

늦은 저녁 등산 첨사 정기호(鄭基鎬)가 거느리는 30여 명의 포졸들이 들이닥쳤고, 김 신부가 체포되었다.[68]

체포의 소동이 벌어지는 동안 남은 뱃사람들은 종선(從船)을 타고 도망해 버렸다.

순교와 병오박해(丙午迫害)

김 신부는 옹진군 옥(獄)으로 끌려갔고 5일 후인 6월 9일 해주(海州) 감영으로 이송되었다. 황해도 감사 김정집(金鼎集)의 신문(訊問)을 받은 김대건 신부는 모든 것을 사실대로 당당히 고백하였다.[69] 앞서 잡힌 뱃사람들의 문초에서 밝혀진 바에 따라 황해 감사는 포졸을 급히 청국어선으

66 류홍렬, 〈한국의 천주교〉, p.119
67 류홍렬, 〈한국 천주교회사〉, p.470
68 류홍렬, 〈한국 천주교회사〉, p.470
69 김광수, 〈한국기독교 순교사〉, p.35~36

로 보내 편지와 지도 등을
압수하였다. 6월 13일에는
이러한 취조 결과가 조정에
보고되었다.

병오박해

　제24대 헌종은 6월 14
일 중신회의를 열고 이 문
제를 의논하였다. 논의 끝
에 김대건, 임성룡, 엄수 등 3인은 서울로 잡아 올려 심판하게 하고 그 연
루자들도 잡아들이게 하였다. 이에 따라 김 신부 등은 포도청의 포교들에
의해서 서울로 끌려왔는데, 이때가 6월 21일경이었다.

　이후 일행은 한 달 동안 40여 차례의 형문(刑問)을 받게 되고 연루자
20여 명이 체포되었다. 김대건 신부의 판결은 근 3개월을 끌었다. 그 사
이에 관헌들은 김 신부의 인품이 훌륭하고 근대 학문에 밝다는 것을 알고
관대한 처분을 국왕에게 상주하였다. 그런데 하필 기해박해 때 죽임을 당
한 세 사람의 프랑스 신부에 대한 책임을 묻기 위해 세실(Amiral Cecile)
제독이 이끄는 8척의 프랑스 함대가 충청도 홍주 앞바다에 나타나 시위를
했다. 영의정 권돈인(權敦仁)에게 문책서를 보내는 일이 있자, 9월 5일 영
의정 권돈인은 헌종에게 군문효수형(軍門梟首刑)에 처할 것을 아뢰었고,
국왕은 김대건이 기교(棄敎)하지 않는다면 즉시 사형에 처하라고 엄명을
내렸다.[70] 효수형이 윤허된 다음 날인 9월 16일 끝내 한강 가 새남터에
서 김대건 신부의 사형이 집행되었다. 이때 김 신부의 나이 향년 25세였
다.[71]

---

70 ① 김광수, 〈한국기독교 순교사〉, p.36
　　② 김해연, 〈한국기독교회사〉, 성지출판사, p.56
　　③ 류홍렬, 〈한국의 천주교〉, p.120

19일에는 현석문이 같은 곳에서 목이 잘리고, 20일에는 임성룡의 부친인 임치백(淋致百)이 교살(絞殺)되고, 남경문(南景文) 등 6명의 남매는 매를 맞아 순교했는데, 이 일이 1846년 병오년에 일어났으므로 '병오박해(丙午迫害)' 혹은 '병오교난(丙午敎難)'이라 부른다.[72]

김대건 신부가 생명을 초개와 같이 버리면서까지 개척하려고 했던 서해상의 입국 통로는 그 후 가장 안전한 잠입 통로가 되었으며 1880년까지 무려 17명에 달하는 신부들이 백령도를 거점으로 한 이곳을 활용하게 된다.

만주에서 활동하던 메스뜨르 신부와 최양업 부제가 1848년 서해를 건너와 조선 교우와의 접촉을 시도한 곳이 백령도였다.

그 후 충청도 덕산에서 활동하던 이 신부와 경상도 지방에 머물던 최 신부가 모두 별세하자 1861년 랑드르(Lanere) 신부, 조안노(Joanno) 신부, 리델(Ridel) 신부, 칼레(Calais) 신부 등 4명의 신부가 조선으로 들어오게 되는데, 이때의 입국 경로 역시 중국 배를 타고 백령도까지 와서 조선 배로 갈아타는 것이었다. 이어 1863년 오메트로(Aumaitre) 신부가 조선으로 들어올 때도 백령도를 거치는 통로로 어렵지 않게 입국이 이루어졌다.[73]

---

71 ① 김해연, 〈한국기독교회사〉, 성지출판사, p.56

② 류홍렬, 〈한국의 천주교〉, p.121

③ 김광수, 〈한국기독교 순교사〉, p.37

1857년 9월24일 김대건 신부는 교황 비오 9세(Pius K)에 의해 가경자(可敬者)의 칭호를 받았고,1925년 7월 5일에 비오 11세의 집례하에 로마 베드로 대성당에서 복자(福者) 칭호를 받고 순교자의 반열에 올랐다. 한국 천주교회에서는 1949년 11월 15일 김대건 신부를 대주교(大主敎)로 받들기로 결의하였고, 7월 5일을 김대건 신북 축일(祝日)로 정하였다.

72 ① 김해연, 〈한국기독교회사〉, 성지출판사, p.56

② 류홍렬, 〈한국의 천주교〉, p.120

73 류홍렬, 〈한국의 천주교〉, p.125, p.128

토마스 선교사

1차 선교 여행

    귀츨라프 선교사가 다녀간 후에 약 33년이 지나서야 개신교 선교사가 다시 서해로 접근해 왔다. 중국이나 일본 등에는 많은 선교사가 파송되고 있었음에도 조선에 선교사가 발을 들일 수 없었던 것은 조정의 강력한 쇄국정책 때문이었다.[74] 이런 위험한 상황을 무릅쓰고 서해를 건너온 사람이 토마스(Robertjermain Thomas 崔蘭軒) 선교사였다.

    토마스 선교사는 1839년 9월 7일 영국 웨일즈(Wales)에서 회중교회 목사의 아들로 태어났다. 그는 16살 되던 해 프린시플 아카데미 예비학교에 입학했고, 예비학교를 마친 후에는 런던대학의 신학교인 뉴칼리지대학에서 신학을 공부한다.

    당시 학적부에는 그가 실험정신〈모험정신〉이 강했고, 선교에 대한 강한 의무감에 사로잡혀 있었으며, 뛰어난 외국어 실력을 갖추고 있다고 기록되어 있다. 그의 이러한 특성은 그가 여러 나라의 언어를 능숙하게 구사하며 신앙의 야성을 바탕으로 선교에 헌신하는 데 고스란히 반영되었

74곽안전, 〈한국교회사〉, 대한기독교회, 1961, p.15

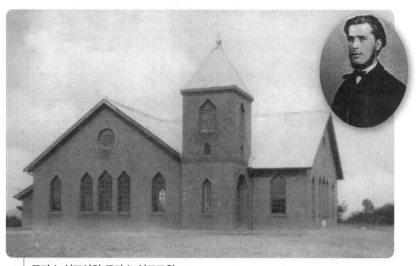

토마스 선교사와 토마스 선교교회

다고 할 수 있다.

　1863년 고향 하노바교회에서 목사 안수를 받은 토마스는 그해 7월 런던선교회의 파송을 받고, 고국을 떠나 12월에 상해에 도착한다. 그러나 선교지인 상해에서 그를 기다리고 있는 것은 예기치 못한 불행이었다. 그는 선교부 책임자와 갈등을 겪었고, 다음 해 3월에는 아내 캐롤라인(Caroline Godfery)이 유산까지 한 끝에 죽는 것을 지켜봐야 했다. 낯설고 적응하기 어려운 타국에서 이런 일련의 일들은 그에게 감당할 수 없는 충격을 주었다. 부인과 사별한 상해가 싫어졌고, 사사건건 충돌만 빚는 선교부 책임자와도 거리를 두고 싶었기에 그는 결국 상해에 도착한 지 1년 만에 런던선교회에 사표를 내고 말았다.[75]

75 ① 김광수, 〈한국기독교 순교사〉, p.46
　　② 곽안전, 〈한국교회사〉, 대한기독교회, 1961, p.15
　　③ 민경배, 〈교회와 민족〉, p.55

산둥반도 꼭대기에 있는 지푸 주재 중국 해상세관장으로 있던 영국인 하트 경(Sir Robert Hart)이 토마스를 통역관으로 채용키로 한 것은 그즈음이었다. 토마스의 어학 실력은 중국어뿐 아니라 러시아어, 몽골어 등을 자유롭게 구사할 수 있을 정도의 수준급이었고, 거기다가 사람들로부터 인간적인 평판도 좋았으므로 하트 경이 이러한 점을 높이 산 것이었다.

비록 제대로된 선교사업도 착수해보지 못한 채 주저앉을 수밖에 없었지만, 토마스는 세관원으로 지푸에 체재하는 동안에도 선교사로서의 기본 임무를 소홀히 하지는 않았다. 그는 북경 이북 지방의 러시아 선교구역에 출입했고, 성서 연구반을 만들어 수세자(受洗者)까지 배출했다. 중국인들을 위한 주일예배와 영어를 사용하는 외국인 교회를 인도하며 선교사업에도 헌신적으로 매달렸다.

조선을 향한 불같은 열정이 일다

해상 세관의 통역관으로서 토마스는 지푸를 출입하는 각국의 선원들을 매일 같이 상대하였다. 그러다 보니 그는 조선에 신부를 잠입시키고 있는 프랑스 선박이나 조선을 왕래하는 중국 어선은 물론, 중국을 왕래하는 조선 사람도 심심찮게 만날 수 있었다. 조선인들은 신부들을 잠입시키는 일을 하는 천주교인이거나 직업적인 안내인들이 많았는데, 토마스는 이들과 접촉하면서 조선에 대한 정보를 틈틈이 얻게 되었다.

이때 프랑스 신부들이 조선에서 암암리에 활동하고 있다는 사실이 선교사업에 미련을 접지 못하고 있던 토마스에게는 큰 자극이 되었던 것으로 보인다. 그리고 스코틀랜드 성서공회 지푸 주재원이던 알렉산더 윌리암슨(Alexander Williamson 韋廉臣)의 중재로 조선의 천주교인 김자평(金子平)과 최선일(崔善一)을 만나본 후 조선을 위한 선교사가 되려는 토마스의 결심은 확고해졌다.

토마스의 결심이 서자 윌리암슨은 그에게 공식적인 지원을 해주기로 했다. 윌리암슨으로서는 스코틀랜드 성서공회 이름으로 토마스 선교사를 파견하게 되어 좋았고, 토마스는 지원을 받으며 그토록 원하던 조선에 갈 수가 있게 되어 좋았다.[76]

1865년 8월 31일, 토마스는 8개월여를 근무해 오던 세관에 사표를 냈다. 나흘 후에 조선을 향해 출발하기로 했다.

토마스는 서둘러야 했다. 지푸 주재 영국 영사관에 여권을 신청하고, 선박은 우문태(宇文泰)의 범선을 타고 가기로 했다. 소래 해안에 가까운 육도(陸島) 출신으로 대동만 일대의 경비 및 관군의 활동을 꿰뚫고 있는 김자평이 안내인으로 정해졌다.

항해술이 발달하지 못한 그 시대에는 선교지역 해안에 밝은 안내인과 경험 많은 선장이 반드시 필요했기 때문이었다.[77]

그러한 요인을 두루 구비하고 있는 사람들은 당연히 현지인들일 수밖에 없었다.

배에는 윌리암슨이 지원해준 상당량의 한문 성경과 전도 문서 등이 실렸다.[78]

드디어 9월 4일, 토마스를 태운 선박이 지푸 항을 떠났다. 배는 순풍을 타고 동진했다.

토마스가 구태여 9월에 들어서야 출발을 결심한 데에는 나름대로 이유가 있었다. 백령도 근해는 성어기가 3월에서 8월까지이므로 이 기간중에는 수많은 어선이 이 일대로 집중되게 되어 있었다. 관(官)에서는 이를 통제하기 위해서 병선(兵船)과 수군(水軍)을 총동원하기 마련이었다. 그

76 나동관, 〈토마스 목사의 생애〉, 생명의 말씀사, 1990, p.67
77 이찬영, 〈황해도 교회사〉, 도서출판 소망, 1995, p.111
78 김해연, 〈한국기독교회사〉, 성지출판사, p.74

것도 황해도 수군절도사(水軍節度使)가 옹진군 소강진(蘇江鎭)에 직접 나와 진두지휘를 하는 것이다. 따라서 토마스는 관군이 삼엄하게 경계를 펼치는 시기를 피하려고 9월을 택했고, 이 지역의 출신의 노련한 김자평(金子平)에게 안내를 맡겼던 것이다. 토마스가 이런 사전 준비를 할 수 있었다는 것은 많은 교회사가 기록하듯 토마스의 조선 선교 결심이 지푸에서 두 명의 천주교인을 만난 후 이루어진 것이 아니라, 이전부터 현지 안내인들과 교분을 쌓으며 조선 선교를 위한 정보들을 축적해 왔던 것임을 보여주는 것이다.

첫 번째 기착지는 백령도의 두무진 포구

9월 8일경 우문태의 범선이 배를 댄 곳은 바로 백령도의 두무진(頭武進) 포구였다.[79] 배가 이곳에 기착한 것은 백령, 대청, 소청 등 3진(三鎭)이 육지의 대동반도와 옹진반도의 각 진(鎭)에 비해 은신하기가 수월했기 때문이었다. 김자평은 이 지역의 낯익은 얼굴들로부터 지역 상황을 전해 들으려 했다.

---

79 기록에 의하면 토마스는 1866년 9월 4일 지푸를 떠나 장연군 시사리에 9월 13일 도착한 것으로 되어있다. 5백 리 바닷길을 지나는 데 열흘씩이나 걸린 셈이다. 하지만 산둥반도와 백령도 간은 아무리 느린 범선이라도 2~4일이면 도착하고도 남는 거리이며, 따라서 토마스는 9월 8일경에는 어딘가에 도착했어야 한다고 보인다.

또한, 토마스를 포함한 9명의 선원은 2개월 보름 동안을 체류하면서 서해안 선교를 했는데, 상식적으로 봐서 그사이에 계속 바다에 떠 있을 수만은 없었을 것이기에 어딘가에 안전을 보장받을 만한 기착지가 확보되어 있어야 했을 것이다.

이 기착지와 안전지대는 바로 백령도였다는 것이 백령도 현지에 회자되는 전언이며, 실제로 몇 건의 방증도 만날 수 있다. (토마스 '보론' 참조)

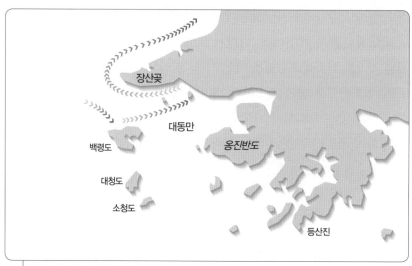

토마스의 1차 선교 여행

　그 사이에 토마스는 조금씩 익혀두었던 한국말을 더듬더듬 건네며 눈치 있게 성경책과 전도 문서를 전했다. 진군이나 요망군들은 이들이 타고 온 배가 청나라 배인 것을 고려하여 너그럽게 대해 주었다.

　저녁이 되자 토마스 일행은 일단 범선으로 철수했다. 숙식이 배 안에 이루어졌기 때문이었다. 토마스의 복음의 일정은 이렇게 백령도에서부터 시작되었다.

　다음 날은 배를 몰아 월내도(月乃島)와 육도가 있는 대동만으로 나아갔다. 이 지역의 사정도 살펴보고 김자평의 고향인 육도에 잠시 들르기 위해서였다. 육도는 해안선의 길이가 2.5km 정도 되는 비교적 작은 섬이긴 하나 간조 시에는 모래사장이 육지의 목동포(牧洞浦)와 연결되기 때문에 거의 육지나 다름없는 섬이었다. 그래서 백령도에 있을 때보다 훨씬 신경이 쓰이는 곳이었다. 그러나 토마스는 이곳에서도 주민들과 적극적으로 대화를 나누고 복음을 전도하는 데 정성을 기울였다.

　주민들은 옹진반도 쪽의 기린도(麒麟島), 창린도(昌麟島), 순위도(巡

威島), 등산진(登山鎭)은 경계가 삼엄한 지역이라고 귀띔해 주었다. 특히 순위도 지역은 1846년 6월에 김대건 신부가 체포된 곳이라서 접근할 수가 없었다. 게다가 육도 역시 오래 머물 수가 없는 곳이라, 토마스는 장산곶 쪽으로 방향을 잡고 배를 북으로 몰았다.

가다가 어선을 만나면 배를 멈추고 대화를 나누었고, 눈치껏 성경책을 건넸다. 배는 장산곶을 지나고 몽금도에 이르렀지만, 그곳에는 1832년 귀츨라프 선교사를 쫓아냈던 그 유명한 조니진이 있기 때문에 그냥 통과했다.

날이 저물자 배를 시라리(柴羅里) 가까운 근포(近浦)에 접안시켰다.[80]

9월 13일에 도착한 이 시라리 근포라는 곳이 바로 기린도였다는 주장도 있다. 하지만 그곳엔 시라리라는 지명도 없고, 또 앞서 언급한 이유에서 기린도 쪽으로는 처음부터 접근하지 않은 것으로 보여진다. 반면에 시라리는 안심하고 접근할 수 있는 지역이었던 셈인데, 그런 곳은 장연군 해안에서 관의 손이 미치지 못하는 오지(奧地)일 수밖에 없다. 시라리는 잡목이나 섶나무가 많은 오지란 의미이므로 그런 곳이라면 '섶나무 신(新)' 자(子)를 쓰는 신화면(薪花面)이 시라리로 불렸던 것이 아닌가 추측된다. 현재 신화면 내에는 해안에서 멀지 않은 곳에 시라리와 비슷한 자양리(紫陽里)라는 지명이 남아있고, 그 외에도 인근 지역에 미라산(彌羅山), 동라면(冬羅面), 추라면(秋羅面) 등 라(羅)가 들어 있는 명칭들이 있었던 것으로 보아 시라리는 이곳의 옛 지명이었던 것으로 여겨진다.[81]

이곳에서 토마스는 보고를 받고 달려온 수군절도사 윤석구(尹錫九)와 마주친다. 수사(水使) 윤석구는 이단 서적을 가진 토마스가 못마땅하

---

80 김광수, 〈한국기독교 순교사〉, p.46, 자라리(紫羅里)라고도 한다.
81 시(柴)＝신(薪)은 섶나무를 지칭하는 같은 의미의 문자이다. 또 신화면은 장연군 내의 오지이기 때문에 관에서 소홀히 취급하는 곳이었다.

긴 했지만, 타고 온 선박이 작은 범선인데다가 청나라 배이고 해서 순순히 돌려보냈다. 토마스는 관(官)의 검문을 받고서 일단 안전하게 나올 수 있었다.

어려움 속에서 자신감은 더욱 커지고

토마스로서는 대형 선박을 활용해 처음부터 주민들의 기를 꺾어 놓은 다음 떼 지어 다니면서 하는 위압적인 선교는 엄두도 낼 수 없는 처지였다. 엄격히 말해서 지금은 선교사의 신분도 아니었다.

윌리암슨이 지원해 준 예산은 겨우 범선 한 척과 안내자를 고용할 수 있는 정도에 지나지 않았다. 거기에다 장거리 여행에 따르는 불편과 장애도 한두 가지가 아니었다. 작은 범선에 9명씩이나 승선하고 있었으므로 먹고 자는 문제는 복잡하기 이를 데가 없었다.

식수, 식량, 부식 등을 보충하러 부락을 헤매야 했고, 음식을 익혀 먹을 땔감을 위해 산에 올라가 나무를 해 와야 했다. 주민과 접촉했다고 해서 마을에 오래 머물 수도 없는 형편이라 바다에 떠 있는 시간이 더 많았다. 바다 역시 날마다 날씨가 좋으란 법도 없었기에, 사나운 파도와 강풍이 몰아치는 날이 많았다. 관의 검문을 피해 종종 안전지대로 후퇴해야 했다.[82]

이러한 악조건 때문에 토마스의 선교 여행은 처음부터 황해도와 평안도를 순서에 따라 방문하는 질서 있는 여행이 될 수 없었다.

그러나 토마스는 어려운 가운데에서도 주민과 접촉하려고 애썼고 서

---

82 이 시기에 토마스의 선상 생활에 대해서는 기록이 없다. 하지만 2개월 보름 여를 바다에서 지내면서 토마스가 자신의 안전지대로 여기던 백령도를 몇 차례 들렀을 거라는 추측을 해볼 수 있을 것이다.

투른 한국말로 전도를 하는데 안간힘을 쏟았다. 한국말도 조금씩 익혔다. 후환이 두려워 주민들이 받지 않으려 하는 성경책을 한 권 두 권 전달하는 동안 자신감은 오히려 커졌다.

토마스는 서해안 선교가 무리 없이 진행되는 것을 보고 왕이 있는 서울까지 가겠다는 과감한 계획을 품게 되었다. 그래서 그는 우문태의 배를 돌려보내고 남쪽으로 간다는 다른 조선인의 배로 옮겨 타고 말았다. 모든 것이 순조로웠던 것은 현지 사정에 밝은 안내자의 역할이 컸기 때문이라는 것을 미처 인식하지 못했다.

토마스를 태운 배는 토마스를 서울로 데려다주지 못했다. 남행 도중 최악의 강풍을 만난 것이었다. 배가 표착한 곳은 엉뚱하게도 요동 반도 해안이었다.[83] 토마스는 곧 북쪽에 있는 항구 비자와로 이동했다. 이때 만주는 곳곳에 마적들이 일어나서 반란을 일으키는 형국이었으므로 가는 길에는 위험이 따랐다. 다시 비자와를 떠나 북쪽의 개주(蓋州)에 도착하고, 계속해서 영구시(營口市)를 거쳐 영국 영사관(領事館)이 있는 우장(牛莊)에 도착해서야 토마스는 비로소 마음을 놓을 수 있었다. 영사로 있는 메도우 사군소비는 그를 친절히 대접했고 교통 편의도 제공했다.

산해관(山海關)을 경유하여 1866년 1월 초 토마스는 안전한 중국 땅으로 돌아왔다. 북경에 도착했을 때 그에게는 기쁜 소식이 기다리고 있었다. 런던선교회가 다시 그를 받아들였으며, 새 임지로 북경(北京)이 정해져 있다는 통보였다.

---

83 ① 나동광, 〈토마스 목사의 생애〉, 생명의 말씀사, 1990, p.73
　　② 민경배, 〈교회와 민족〉, p.60

2차 선교 여행

토마스의 선교사직 복귀는 당연한 결과였다. 런던선교회를 떠난 1년여 동안 그는 선교사업에 온갖 정성을 기울여 온 사람이었다. 이젠 그를 헐뜯거나 그와 갈등을 빚는 사람도 없었다.

주위 사람들도 토마스의 재능을 높이 평가해 주고 있었다.

심지어 몇몇 인사들은 런던선교회에 편지를 써서 토마스 같은 선교 인재를 다시 받아들여야 한다고 강력히 권고하기도 했다.[84]

생명의 위협을 무릅쓰고 조선 서해안 선교에 나섰던 사실도 토마스의 복직에 긍정적인 영향을 끼쳤을 것이다.

아무나 해낼 수 없는 위험천만한 선교 경험을 쌓고 개선한 토마스는 그의 인생 최대의 황금기를 맞고 있었다.

그토록 소망하던 선교사로 복직되었고, 더구나 자신의 선교 능력을 인정해주고 변호해 주었던 북경지역 선교 책임자인 애드킨스(Edkins)와 함께 근무할 수도 있게 되었다. 토마스는 애드킨스를 도우며, 영중학원(榮中學院) 원장직을 맡았다.

조선 동지사 일행을 만나다

북경에서 자리를 잡아가고 있을 때, 그는 해마다 동짓달이면 중국을 다녀가는 조선 동지사(冬至使) 일행이 북경지역에 체류 중이라는 소식을 접하게 되었다.

---

84 민경배, 〈교회와 민족〉, p.67

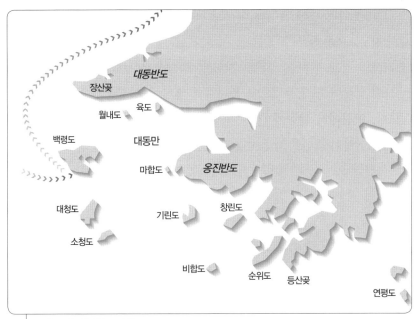

장산곶

대동반도

육도

월내도

백령도

대동만

마합도

옹진반도

대청도

기린도

창린도

소청도

비합도

순위도

등산곶

연평도

토마스의 2차 선교 여행

토마스는 조선이라는 말을 듣고 가슴이 뛰는 것을 느꼈다. 그는 즉시 동지사들이 체재하고 있는 동지사 숙청(淑聽)으로 찾아갔다.

서해안 선교 과정에서 배운 조선어로 대화를 나누며 그는 동지사 일행과 금세 가까워질 수 있었다. 동지사 일행 중 몇몇 인사가 런던 선교부에 찾아오는 등 서로가 허물없이 오가는 사이가 되었다.

토마스는 어느 날 동지사 일행을 통해서 자신이 서해안에 뿌렸던 성경책이 평양까지 흘러 들어갔다는 사실을 알고 크게 감동하였다. 때마침 수행원 중 박(朴)이라는 사람이 지난해 서해안에 뿌린 것과 같은 성경책을 구해 달라는 요구를 은밀히 해오자 조선을 향한 토마스의 선교 열정은 또 다시 말릴 수 없는 지경에 이른 듯했다.[85]

85 민경배, 〈교회와 민족〉, p.67

토마스의 강렬한 욕구는 이성적 판단마저 무디게 할 정도였다. 그에게는 천주교인들이 처형(處刑)을 당하고 있는 조선의 위험한 상황조차 지난 서해안 선교 때처럼 극복될 수 있는 조선으로 보였다. 서툴기 그지없는 그의 한국어 구사 능력으로 동지사 일행 같은 상류층과도 소통이 가능했으니, 조선에서 활동에 큰 장벽이 되지 않을 것이었다. 그래서 토마스의 마음은 이미 조선에 가 있는 듯했다.

하지만 이때 조선에서는 병인박해(丙寅迫害)로 프랑스 성직자 12명 중 9명이 참형되었고, 천주교 일반 신자 8천여 명이 처참한 학살을 당하고 있었다.

박해를 피해 중국으로 탈출해 온 리델(Ridel) 신부를 통해 이 소식을 알게 된 프랑스 공사와 프랑스 함대 사령관 로즈(Roze) 제독은 즉각 함대를 파견하기로 결정했다. 그리고 조선의 서해를 답사하고 돌아온 토마스에게는 안내인 겸 조선어 통역관으로 함께 가달라는 요청이 들어왔다.[86]

그렇지 않아도 조선에 들어갈 환상에 부풀어 있던 토마스에겐 그것은 더할 나위 없는 희소식이었다. 그는 망설일 것 없이 동의하였다.

제너럴 셔먼호

북경 선교 책임자 에드킨스의 자상한 배려를 받으며 토마스는 북경을 떠나 지푸로 달려갔다. 그러나 천진(天津)에 이르렀을 때, 그가 예상치 못했던 상황이 벌어지고 말았다. 월남 지방에서 반란이 일어나 로즈 제독이 그곳으로 출동하지 않을 수 없게 된 것이었다. 프랑스 함대의 조선 출정은 연기될 수밖에 없었다.[87]

---

86 민경배, 〈교회와 민족〉, p.63
87 나동광, 〈토마스 목사의 생애〉, 생명의 말씀사, 1990, p.82

이때 토마스는 내친김에 지푸까지 가보기로 하는데, 거기서 그는 뜻밖에도 미국 상선 제너럴 셔먼(General Sherman)호가 통상교섭을 위해서 조선으로 간다는 소식을 듣게 되었다. 그는 지체없이 배에 편승하기로 했다.[88]

제너럴 셔먼호

이 배는 미국인 프레스톤(Preston)의 소유로, 제너럴 셔먼이라는 이름은 미국 남북 전쟁 때 용맹을 떨쳤던 북군 장군의 이름을 붙인 것이었다. 이름 탓일까? 통상을 위해 면포, 유리그릇, 철판, 자명종 등을 싣고 있긴 했지만, 중 무장을 한 제너럴 셔먼호는 어쩐지 상선답지 않은 측면이 있었다.

1866년 8월 9일 토마스를 포함한 5명의 백인과 19명의 말레이시아인 및 중국인을 실은 제너럴 셔먼호는 항로를 동으로 잡고 지푸를 떠났다.

또다시 백령도에

배는 이틀을 항해한 끝에 백령도와 대청도 어간에 정박했다.

남면(南面)의 요망대(瞭望臺)에서는 군함의 외형을 한 위압적인 배를 관측하고는 바짝 긴장하지 않을 수 없었다. 지체없이 거도선(居刀船)이 띄워지고 진군은 경계 태세에 들어갔다.

셔먼호에서 작은 보트가 내려지고 토마스를 포함한 몇 사람이 포구에 상륙했는데, 이 포구는 바로 중화동 포구였다. 토마스의 백령도 방문은

---

88 나동광, 〈토마스 목사의 생애〉, 생명의 말씀사, 1990, p.83

한 해 전에 두무진에 상륙한 데 이어 두 번째가 되는 셈이었다. 토마스에게 백령도는 1차 여행 때부터 안전지대였고 선교 활동의 근거지였다. 그래서 평양으로 가는 길에도 잊지 않고 정든 백령도 땅을 다시 들린 것이다.

토마스는 주민들에게 한국말로 인사를 건넸다. 얼마나 써먹고 싶었던 한국말이었는지 몰랐다. 토마스는 최선을 다해서 주민들과 대화를 나누었다. 주민들은 서양 코쟁이가 한국말을 하는 것이 신기해서 토마스를 에워싼 채 서로 말을 걸어 보려 했다.[89]

중화동에 상륙한 토마스는 대화를 나누는 와중에 눈치껏 성경책을 전했다. 그러나 오래 머물 수는 없었던 토마스는 자신을 반기는 주민들을 뒤로한 채 배에 올라야 했다.

평양에서의 충돌

제너럴 셔먼호는 서해 연안을 오른편으로 바라보면서 북상을 계속했다. 연 5일 동안의 항해 끝에 배는 대동강 어귀에 들어섰다.

8월 16일에 배는 용강현(龍岡縣), 다미면(多美面), 주영포(朱英浦)에 닿았고, 계속 대동강을 거슬러 올라가 8월 17일에는 황주목(黃州牧), 삼전면(三田面), 송산리(松山里)에 이르렀다. 배는 평양을 향해 도도하게 움직이고 있었다.

대동강 연안의 수령들은 배가 닿는 곳마다 문정관(問情官)을 보내 따지고 들었지만, 조선 측의 퇴각명령은 무시되고 있었다. 목적지는 평양이며, 무역을 하러왔다. 제너럴 셔먼호는 이런 대답만 되풀이 할 뿐이었다. 배는 계속 움직였다.

---

89 나동광, 〈토마스 목사의 생애〉, 생명의 말씀사, 1990, p.85

8월 20일, 배는 평양(平壤) 경내에 다다랐다. 평양의 초리방(草里坊) 사포구(沙浦口)에 이르러서야 배가 멈춘 것이다.

토마스 선교사_대동강변 엽서

평안감사 박규수(朴珪壽)는 중군 이현익(李玄益)을 문정관으로 보내 이양선이 평양까지 들어온 까닭을 물었다. 이때 통역관인 토마스는 '우리는 장사를 하기 위해 왔으며, 다른 뜻은 없다. 그런데 귀국은 어찌하여 신부와 천주교 신자를 죽이고 내쫓는가?'라고 따지는 한편, '우리가 믿는 야소 성교는 천주교와 다르다.'며[90] 이번에는 평양에 온 김에 기독교를 전파하고 싶다는 의지도 밝혔다.

그러나 쇄국정책의 시기인 데다가, 중무장을 한 서양의 배가 무슨 꿍꿍이를 품고 있는지 알 수 없어 조선 측은 경계를 소홀히 할 수가 없었다. 그러면서도 일단 그들의 요구대로 식량과 땔감을 공급해주었다.

조선 측의 호의와는 상관없이 제너럴 셔먼호는 8월 22일 막무가내로 만경대(萬景臺) 두로섬(頭老島) 포구로 이동했다. 분노에 찬 이현익 등이 배에 올라가 무례함을 따지고 들었다

'당신들이 끝내 돌아가지 않고 강을 오른다면 우리도 더 참고 있을 수만은 없다. 우리 영토에 침범해 온 죄를 물어 당신들을 체포할 것이다.'

90 민경배, 〈한국의 기독교〉, 세종대왕기념사업회, 2000, p.29~30
토마스가 1866년 대동강에서 자기가 전하고자 하는 교가 천주교와 다르다고 한국의 관리들에게 강조한 것은 천주교 수난의 과정에서 주민들에게 천주교가 좋지 않은 인상을 심어주었던 것을 우려했기 때문이다.

이렇게 강경한 최후 통고가 있었다. 한편으로는 배에 부족한 것이 있다면 공급해 줄 수도 있다는 온건한 제안도 하였다.

최후를 맞이하다

제너럴 셔먼호는 물러갈 기색이 없었다. 8월 27일에는 한사정(閒似亭) 위쪽에 닻을 내리고 여섯 명이 보트를 몰아 강을 거슬러 올랐다. 이현익이 작은 배로 이들을 뒤쫓았지만, 이들은 오히려 배를 끌어당겨 중군 이현익을 인질로 잡았다. 이어서 황강정(黃江亭)으로 배를 몰며 대포와 소총을 쏘아 시위를 벌였는데, 이에 흥분한 평양 군중들이 강변에 모여 닥치는 대로 돌멩이를 던졌다. 성을 지키던 군사들은 활과 총을 쏘아 이들의 총포 시위에 대응했다. 이때 퇴교(退校) 박춘권(朴春權)이 군졸들과 더불어 셔먼호에 접근했고, 이현익은 배로 뛰어 내려 구출되었다.

8월 28일에 셔먼호는 양각도(羊角島) 서쪽으로 물러가 머물렀다. 이때부터 조선 측은 적극적인 대응 자세를 취하기 시작했고, 계획된 공격으로 셔먼호를 궁지로 몰아넣었다. 궁지에 몰리자 이들은 조선의 배로부터 쌀과 부식을 빼앗고 총포를 쏘아 7명을 죽이고 5명을 부상케 하는 돌이킬 수 없는 일을 저지르고 말았다.

8월 31일, 평안 감사는 결국 관군에게 화공을 명했다. 화공은 3일간이나 계속되었다. 양측이 치열한 교전을 벌이는 사이에 홍수로 불었던 대동강물이 줄어들면서 셔먼호가 양각도 모래톱에 걸려 좌초되었다. 솔가지를 실은 큰 거룻배에 유황이 뿌려지고 그 위에 불을 질러 셔먼호를 공격하자, 토마스 일행은 배를 포기하지 않을 수 없게 되었다. 살려달라는 이들의 간청은 분노한 군민(軍民)들에게 묵살되었다. 이들 중 한 사람도 살아남지 못했다.[91]

1866년 9월 2일 토마스는 27세 나이로 그렇게도 복음을 전파하고 싶

토마스 목사 파송 교회

었던 조선 땅에서 숨을 거두었다. 그러나 그의 죽음은 자신이 죽어간 땅을 복음화하는 밑거름이 되었다. 그가 숨진 평양은 후에 동양의 예루살렘이라 불리는 복음의 중심지가 되었다. 이때 토마스를 참수(斬首)한 박춘권은 후일 회개하여 1899년 세례를 받고 평양의 초대 교인이 되었다.[92] 또한 박춘권이 주워 온 성경책을 받아 본 조카 이영태(李榮泰)는 후에 평양숭실전문학교를 졸업하고, 레이놀드(Dr. W. E. Reynolds)박사의 조사(助師)가 되어 함께 성서 번역사업에 종사하였다.[93] 1927년 5월 8일에는 토마스 목사가 묻혀 있으리라고 여겨지는 이 쑥섬에 천 명의 그리스도교 신

91 ① 곽안전, 〈한국교회사〉, 대한기독교서회, 1961, p.17
   ② 김해연, 〈한국기독교회사〉, p.76
92 김광수, 〈한국기독교순교사〉, p44~53, 김광수, 〈한국 민족기독교 백년사〉, p.25 재인용
93 ① 곽안전, 〈한국교회사〉, 대한기독교서회, 1961, p.18
   ② 김해연, 〈한국기독교회사〉, p.77

토마스 선교사 기념예배당 앞의 한국인 장로들

자가 모여서 토마스 목사를 기념하는 예배를 드렸다. 1932년에는 대동강 언덕에 토마스 목사 예배당이 건립되어 성대한 헌당식이 거행되었다.[94]

토마스가 타고 왔던 제너럴 셔먼호 사건은 1871년 조선과 미국 사이에 전쟁의 도화선을 제공하였고, 양국 간의 전쟁으로 인해 1882년 조미 수호통신조약을 맺게 되었으며 이 조약에 근거하여 미국인 선교사가 조선에 들어와서 두려움 없이 선교사역을 할 수 있게 되었다. 결과적으로 제너럴 셔먼호 사건은 개신교 선교에 대해서 합법적으로 그리고 공식적으로 선교의 문을 여는 지극히 중요한 사건이었다고 볼 수 있다.

보론(補論)

여기서 토마스의 백령도 선교의 대한 오문환(吳文換)의 기록 중 일부 오기(誤記)를 바로잡는다.

오문환은 1929년 8월에 게재된 기독신보에서 토마스는 1866년 8월 9일 지푸를 떠나 평양으로 가는 도중에 제일 먼저 백령도 두무진에 들렀다고 쓰고 있다.

그 증거로 오문환은 화동(化洞)교회 최영수(崔領袖)의 부친인 최익로(崔益魯)로부터 토마스 목사를 직접 보았다는 증언을 직접 들었으며, 그

---

94 곽안전, 〈한국교회사〉, 대한기독교서회, 1961, p.18

외에 70세 이상의 고령자 20인 이상으로부터 같은 증언을 들었다는 점을 들고 있다.

오문환이 들었다는 증언에 따르면, 토마스는 당시 많은 성경책을 주민에게 나누어 주었는데 얼마나 많았던지 소가 끄는 수레로 세 번이나 옮겨야 했으며, 토마스를 제지하기 위해 출동한 관군의 수를 알 수가 없어 대신 관군이 받은 성경책 99권을 헤아려서 보고했다는 것이다.

현재 백령도에는 토마스의 관한 두 가지 기록이 남아 있는데, 그 하나는 허간(許侃) 목사가 펴낸 〈백령약지〉(1953년 발행) 종교 편이다. 이곳에는 '거금 백 년 전 평양 대동강에서 순교 당한 영국 선교사 고 토마스 목사가 백령도 두무진에 기항 경유한 바가 유하다는 전설'이 적혀있다

다른 하나는 옹진군청에서 펴낸 〈옹진군 향리지〉(1996년 발행) 백령도 중화동 종교 편으로, 이곳에서 '19세기 말 영국의 유명한 토마스 목사가 백령도에 상륙하려다 무엇 때문인지 뜻을 이루지 못하고 지금의 중화동 선대에 성경을 던지고 돌아갔다'는 설화가 적혀있다.

한편 구전으로는, 토마스 목사가 두무진에 상륙하여 그곳에서 성경을 전했으며 연화리를 거쳐 중화동에 와서도 성경을 나누어 주고 갔다는 얘기가 회자 된다.

이상을 정리하면 일단 다음의 두 가지는 확실하다. 첫째, 토마스는 백령도에 왔었다는 것, 둘째, 토마스는 두무진과 중화동 양 포구에 각각 들렀다는 것이다.

다만 양 포구에 들렀던 시기가 언제인가 하는 것이 문제가 될 뿐인데, 그 점에 대해서는 토마스가 두무진에 기항한 것은 1866년이 아니라 1차 여행 때인 1865년 9월 8일 경이 옳다고 확언해 두고 싶다.

1865년에 안내를 책임진 사람은 육도 출신의 김자평으로 그는 대동만 대청군도 일원을 평생 항해한 전문가였다. 그런 그가 애초 백령도 이북의 황해도와 평안도 연안을 안내하기로 해놓고도 필요 없이 두무진보다

남쪽에 치우쳐 있는 중화동에 들린다거나 경계가 까다롭기로 이름난 순위도 지역으로 무단히 배를 몰아가는 비효율적인 항해는 하지 않았을 것으로 판단된다. 당시만 해도 두무진 지역은 백령도 내에서도 백령진 청사(廳舍)로부터 30리나 떨어진 오지였으므로 비교적 안전한 기항지였다.

오문환은 1866년 2차 여행 때에 두무진에 들렀다는 증거로 70세 이상인 고령의 증인들을 내세우고 있는데, 1929년 오문환이 백령도에 왔을 때 70세 이상인 고령자라면 1866년 당시로는 7세에서 10세 내외의 소년들이 된다. 이 어린 소년들이 변변한 길도 없는 고립되다시피 한 두무진에 가서 토마스를 보았다는 것은 쉽게 수긍할 수 없다. 직접 왕래하는 것 외엔 통신수단이 전무한 때였으므로 토마스가 두무진에 왔다는 소식을 듣고 즉시 달려갔다고 하더라도 두무진까지 20여리 길은 왕복 4시간 이상이 소요되는 것이다. 그런 험한 길을 왕복하기엔 증인들의 나이가 너무 어린 것으로 생각된다.

또 20여 명의 증거인 중에 이름을 밝힌 사람은 한 명뿐이며 나머지는 숫자만 기록한 것으로 보아 많은 증인이 직접 목격자가 아닌 구전 증거자였던 것으로 보인다.

게다가 유일하게 거명된 최익노라는 사람은 그 당시에는 태어나지도 않았고, 다만 최익노의 아버지인 최대수(崔大洙) 옹이 당시 10세 안팎의 나이였던 것으로 보아[95] 역시 구전 증거가 아니었을까 짐작케 하는 것이다. 그리고 이러한 정황은 1866년이라는 연도에 대한 증언마저 신빙성을 떨어뜨리게 한다.

한편, 오문환은 토마스가 뿌린 성경이 세 달구지 분량이었다고 했는데, 이것도 미심쩍다. 작은 보트에 타고 상륙한 처지에 세 수레 분량의 성경이란 현실성이 없어 보인다.

---

95 〈영암 최씨 백령문중 족보〉

출동한 관군을 파악하기 위해 관군이 받은 성경책을 거두어 그 숫자를 알았다고 하는 것도 어색하다. 군인이란 명령 한 마디로 상황 파악이 가능한 조직이기 때문이다. 옹진군에서 발행한 향리지가 구전을 기록한 바와 같이, 1866년에 토마스는 중화동에 들렀던 것이고 성경책을 나누어 준 다음 길게 머물지 않고 떠나간 것이 확실하다.

'토마스 목사가 백령도에 상륙하려다가 무엇 때문인지 몰라도 뜻을 이루지 못하고' 하는 향리지의 대목은 토마스의 중화동 포구 체재 시간이 짧았음을 의미하며, 중화동 선대에 성경을 던지고 갔다는 말은 토마스가 타고 온 선박이 대형 군함인 제너럴 셔먼호였음을 의미한다. 이 구전 역시 토마스가 중화동에 상륙했음을 증거하는 기록이며 평양까지 들어간 제너럴 셔먼호가 중화동에서 상륙을 포기했다는 말은 납득되지 않는다.

끝으로 토마스가 두무진에 상륙하여 중화동까지 왔다는 설도 말이 안 된다. 쇄국정책이 극에 달했던 대원군 시대에 외국인이 백령도의 내륙 깊숙이 들어와 휘젓고 다녔다는 것은 상상도 못 할 일이다.

백령진에는 수군 말고도 육상 방어군이 800여 명이나 주둔하고 있었으며, 주민들 또한 그러한 일을 방관했을 리 만무하기 때문이다.

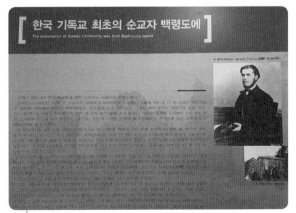

토마스 목사와 백령도

콜벳 선교사

토마스 선교사 순교 이후 미국은 불타버린 제너럴 셔먼호의 행방을 추적하기 시작했다. 탐색 작전의 일환으로 셔먼호가 항해했던 자취를 따라 미국 함대가 황해도 해안을 조사하기로 했다.

당시 미국 극동해군 사령관이던 로우원(Rowan) 제독은 슈펠트 대령을 사령관으로 하여 군함 와추셋(Wachestt)호를 출동시켰다. 대동강변에서 셔먼호가 소실된 지 5개월이 지난 1867년 1월 21일이었다.

와추셋호의 출동

이때 통역요원으로 선교사 콜벳(Hunter Corbett 郭顯德)이 동승해 있었다.

콜벳은 1863년 미국장로교회 선교사로 중국에 파견되었으며, 상해를 경유하여 산둥반도의 지푸에서 선교 활동을 했다. 조선과 친숙해지기 쉬운 산둥에서 활동하고 있었기에 조선 선교에도 관심을 기울이며 조선어를 틈틈이 익히던 차에 그 기회가 주어진 것이었다.[96]

96 〈내한 선교사 총람〉, 한국 기독교 역사 연구소, 1996, p.216

길잡이로는 토마스의 서해안 여행 때 범선의 선장이었던 우문태(于文泰)가 승선해 있었는데, 그는 황해도 연안을 수도 없이 왕래 한 사람이었다. 우문태의 안내에 따라 와추셋호는 백령도와 대청도 어간을 지나 서슴없이 대동만으로 들어섰다. 1월 23일 와추셋 호는 육도가 보이는 장연 목동포(牧洞浦) 해안에 정박했다. 육도에 사는 김자평은 이곳 사정을 누구보다 잘 아는 사람이었기 때문이었다.

그 무렵 김자평은 바다에서 다져진 건강을 유지하고는 있었으나 칠순이 넘은 노인이었다. 김자평은 콜벳에게 셔먼호의 소실과 선원들의 죽음을 알렸다.

그러면서 그는 토마스 목사가 평양 감영으로 잡혀가 아직 살아 있을지도 모른다는 자신의 의견을 덧붙였다. 김자평은 토마스 목사가 이미 순교한 상태라는 것을 모르고 있었던 것이다.[97]

함장인 슈펠트는 조선 조정의 공식적인 해명을 듣기 위해 공식 규명 문의서를 발송키로 했다.

슈펠트의 해명 요구

슈펠트와 콜벳은 동승한 중국인의 도움을 받아 공문서를 작성하여 목동포에 있는 관리를 통해 조정에 전하도록 했고, 공문서는 지체없이 황해관찰사(黃海觀察使) 박승휘(朴承輝)에게 전해졌다.

문의 전문(全文)은 다음과 같았다.[98]

'본총병하사(本總兵賀使) 와추셋호는 지금 귀국 국내에 정박해 있으

---

97 ① 이찬영, 〈황해도 교회사〉, 도서출판 소망, 1995, p.124
　　② 김광수, 〈한국기독교순교사〉, p.44
98 이찬영, 〈황해도 교회사〉, 도서출판 소망, 1995, p.118

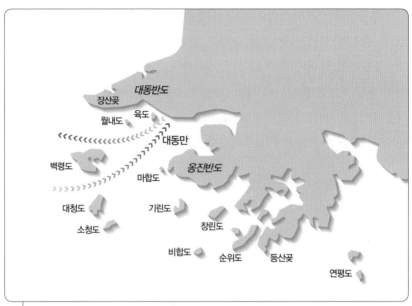

와추셋호의 진입로

나, 결코 무기를 들어 싸우려는 의도가 있는 것은 아닙니다. 지난 여름에 우리나라 상선(Surprise호) 한 척이 귀국 경내를 지나다가 모래 위에 얹혀 어찌할 도리가 없게 된 것을 귀국이 구출하여 중국으로 보내 주었던 고로, 우리는 귀국의 그 자비로운 은공을 감사해 마지않는 바입니다.[99]

그런데 지금 묻고자 하는 것은 우리나라 상선 한 척이 지난해에 귀국 평양에 정박한 일이 있는바, 풍문에 의하면 귀국 백성이 배에 불을 질

---

99 H. B. 헐버트, 신복룡 역주, 〈대한제국멸망사〉, 집문당, 1999, p.151
제너럴 셔먼호 사건이 일어나기 2개월쯤 전인 1866년 6월에 미국의 범선 서프라이즈(Surprise)호가 청국의 지푸로부터 오키나와로 가던 중 황해에서 난파되어 평안도 해안에 표착한 일이 있었다. 이때 조선에서는 이들에게 의복, 식량, 담배 등을 주는 등 후대하고 말에 태워 중국으로 돌려보냈다.

러 태워버렸다는 것입니다. 그 배는 미국인의 소유이며 선객들은 여러 나라 사람들이었습니다. 그들 중에 한 사람도 돌아온 자가 없어 우리는 어찌된 일인지 알 길이 없습니다. 이에 본관이 본국 수사제독의 명을 받들어 이런 사실이 참으로 있었는지, 만약 우리나라 배가 귀국 경내에서 소요를 일으켜 분쟁이 있었다면 현재 살아남은 사람이 얼마나 되는지 등을 알아보려 내항하였으니, 신속히 조사하여 알려주기 바라며 아울러 살아남은 자가 있으면 곧 본선으로 데려다 주시면 감사하겠습니다. 그리고 앞으로 양국이 서로 화의와 우호를 맺어 이러한 불미스러운 일이 없게 되기를 희망하는 바입니다.'

조선의 답신

문서의 대한 회답은 신속하게 돌아왔다.
황해관찰사 박승휘로부터 답신은 다음과 같았다.[100]

'조선국 황해도 관찰사 도순 참사 박승휘는 귀 총병하사와 추셋선이 폐경내 장연현 해변에 정박하여 서한 일봉을 보내 우리나라 조정에 전달해 달라고 했던 요청에 대하여 변강 대신으로서 지난날의 사실을 아는 대로 알리오니 양해하시길 바랍니다.
본국 법례는 외국 상민이 표도(漂到)하였을 때 그 배가 완전하면 양식과 물을 주어 순풍을 기다려 돌려보내고, 배가 상하여 항해할 수 없으면 육로로 호송하여 북경에 도달케 하는 것으로 되어있습니다. 이것은 오로지 우리 임금께서 이웃 나라의 백성을 마치 자기 백성과 같이 귀히 여기시

---

100 이찬영, 〈황해도 교회사〉, 도서출판 소망, 1995, p.119

는 일시동인(一視同仁)에서 온 것입니다.

귀하는 서한에서 지난 가을 평양 대동강에서 일어난 사건에 대해 도의적 해결을 요구하고 있습니다.

사실 그때 외국 배 한 척이 평양 대동강 하류에 도착하였습니다. 그곳의 지방관은 배가 표류한 줄 알고 내도의 사실을 물은 즉, 배의 사람들은 면담을 응하여 주지 않을 뿐 아니라 길게 누워 모욕하는 태도를 보였습니다.

그러나 본국 관리는 울분을 참고 겸손하게 담화를 청하였습니다. 그때 서야 최(崔)라는 성을 가진[101] 사람이 있어 자신을 프랑스인이라고 하고 또는 영국 사람이라고도 하면서, 프랑스 군함이 곧 습격해 오려고 하는데 만일 우리에게 교역을 허락한다면 출병하지 아니할 것이라고 말하였습니다. 이에 지방 장관은 교역에 관한 일은 일개 지방관이 허락하지 못한다고 대답하였으나 배는 조수를 따라 마침내 평양성에 접근하게 되었습니다.

평양 중군 이현익(李玄益)은 강상을 순회하며 피차간에 불상사가 없도록 경계하고 있었는데 하루는 종선 하나가 달려와 중군을 억지로 배 위에 끌어 올리고 돌아가지 못하게 하였습니다.

생각하면 분하기 짝이 없는 일이지만 이를 참고 중군을 돌려보내달라고 하였더니 평양성에 들어간 후에야 돌려보내겠다고 답변을 하는데 꼭 성안에 들어와야 할 의도가 무엇인지 알 수가 없었습니다.

수만 군중이 분노하여 언덕에서 중군을 돌려보내 달라고 함성을 지르자, 배에서 총을 쏘아 죽은 사람이 수십 인이 되었습니다. 군중의 격분은 더욱 커져 막을 길이 없게 되었고, 피차간에 총포를 교(交)하고 성히 싸우다가 드디어 박춘권의 슬기로운 의견으로 나무 실은 배에 불을 질러 큰 배

---

101 토마스의 한자명은 최난헌(崔蘭軒)이다.

에 걸리게 하니 배 안에 있던 화약이 폭발하여 배는 불탔고 한 사람도 남지 않고 다 죽었습니다.

그러나 지금까지 그 배가 귀국의 배인 줄 몰랐습니다. 그 배는 무단히 다른 나라에 깊숙이 들어와 사변을 일으켰건만 이제 와서 도리어 우리를 추궁하니 무슨 경우로 하는 말인지 이해하기 곤란합니다. 귀국은 예를 높이는 나라로써 여러 나라가 겸양으로 이룬 합중국(合衆國)임을 잘 알고 있습니다. 귀하의 서한 속에 화의(和義)를 맺음으로 충돌을 피하자는 말이 있습니다만 본관의 의도에 추호도 의심을 품지 말아 주시기를 바랍니다.'

최초의 미국인 선교

이렇게 서한이 오고 가는 사이에 선교사인 콜벳은 가까운 해안의 한 부락을 찾아 성경을 나누어주고 서툰 조선어로 전도를 했다. 관찰사의 서한을 기다린다는 명분이 있었으므로 심하게 제지를 당하지도 않았다.

아마도 이것은 미국인 선교사로서는 처음으로 이 땅을 밟아 이루어진 선교 활동으로 볼 수 있을 것이다. 조선 땅을 처음 찾은 슈펠트는 셔먼호 사건에 대한 협상에 실패한 채 1주일을 무료하게 기다리다가 그해 1월 29일 산둥반도의 지푸로 철수했다.

백령도

6

마티어 선교사

제너럴 셔먼호의 행방과 선원들의 생사를 확인하려는 미국 측의 노력은 계속되었다.

미국은 1867년 1월 군함 와추셋호를 육도 근해에 파견하는 데 이어 이듬해 3월에는 군함 세난도어(Shenandoah)호로 하여금 황해도와 평안도 연안을 돌아보게 하였다.

이 배에는 미 장로회 해외 선교부의 파송을 받아 산동반도의 지푸에서 선교사로 활동하고 있던 마티어(Calvin. W. Mateer 狄老文)가 통역관으로 동승하고 있었다.

1836년에 미국 펜실바니아에서 태어난 마티어는 제퍼슨 대학을 졸업한 수재로, 웨스트 신학교를 졸업하고서 선교사가 되었다. 그는 특히 중국어에 능통했고, 오리포에서 전달한 성경은 자신이 번역한 신약 성경이었다.

군함 세난도어호의 수색

1868년 3월경 함장 페비거(Febiger)는 배를 곧장 북으로 몰아 대동강 어귀에 이르렀다.

배는 대동강을 거슬러 올라가려고 했으나 큰 배는 이 강으로 들어가기 위태롭다는 지방 관리들의 말을 듣고 일단 석도(席島)해역에 배를 정박시켰다. 함장과 마티어 선교사는 보트로 옮겨 타서 오리포(梧里浦)라는 아담한 포구에 상륙하였는데, 이곳은 황해도 은율군(殷栗郡) 장련면(長連面) 직전리(稷田里)에 있는 대동강 하구의 나루였다.[102]

함장 페비거 역시 조선 측의 책임을 묻는 공한을 발송했다. 그런데 이 공한 내용에는 지난번 콜벳 선교사에게 김자평이 전한 증언을 근거 삼아 조선 조정을 추궁하는 구절이 있었다.

그러나 황해 감사는 서양인과 내통한 간첩 혐의를 씌워 즉시 김자평을 검거토록 했다.

김자평을 처형하다

고향인 육도에 살고 있던 김자평은 갑자기 들이닥친 관리들에 의해 배에 실려 장련 땅 오리포로 잡혀갔다.

4월 23일, 감찰사는 세난도어호 앞으로 끌고 온 김자평의 목을 베도록 명령하였다.

마티어 목사와 선원들은 갑판에 서서 김자평의 사형을 말리는 손짓을 하며 소리쳤다.

그러나 김자평은 함장과 마티어 선교사, 세난도어호의 일부 선원들이 지켜보는 데서 순식간에 참수형을 당하고 말았다.

김자평의 주검을 목도한 마티어 선교사는 다음과 같이 기도하였다고 한다.

---

102 이찬영, 〈황해도 교회사〉, 도서출판 소망, 1995, p.120~121

'오, 주님. 저들이 주님을 알지 못하여 죄를 지었사오니 저들을 용서하여 주시옵소서. 또한 저 흘린 피가 반드시 생명의 씨앗이 되어 복음으로 구원 얻는 백성이 되게 하여 주시옵소서'[103]

김자평은 어부로서 평생 배를 부리며 순박하게 살아온 사람이었다. 그가 중국의 산둥반도까지 왕래하며 신부나 선교사들의 안내역을 담당했던 것은 우선 먹고 살기 위해서였다.

토마스를 만나 기독교를 알게 되고 그를 도왔기에, 김자평은 자신을 찾아온 콜벳 선교사에게 셔먼호 사건에 대해 알고 있는 대로 이야기해 주었을 뿐이지만, 그에게는 허위 사실을 유포하여 국사에 어려움을 주었다는 죄목이 씌워졌다.

마티어 선교사의 전도

3주간을 머문 세난도어호 역시 결국 제너럴 셔먼호에 대해 아무것도 확인한 것 없이 선수를 돌릴 수밖에 없었다.

그러나 회신을 기다리는 동안 마티어 선교사는 오리포 마을을 돌면서 성경을 나누어주고 전도할 수 있었다.[104]

이후 서해안으로 접근하여 전도를 시도하는 서양 선교사의 이름은 거의 언급되지 않는다. 2년 전에는 병인양요(丙寅洋擾)가 발생한 데 이어 3년 후인 1871년에는 신미양요(辛未洋擾)가 발생하고, 그로부터 구미제국, 즉 기독교 나라에 대한 이미지가 한층 악화되기 때문일 것이다.

---

103 ① 김광수, 〈한국기독교순교사〉, p.45
　　② 이찬영, 〈황해도 교회사〉, 도서출판 소망, 1995, p.121
104 백낙준, 〈한국 개신교사〉, 연세대출판부, 1998, p.55

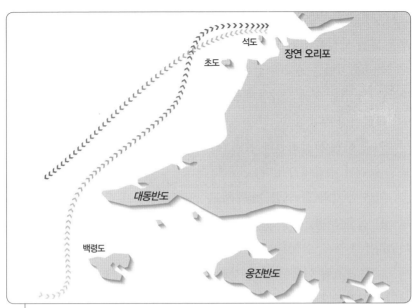

세난도어호의 수색로

　　조선의 문이 하루빨리 열리기를 기원하며 마티어는 다음과 같은 기록을 남겼다.

　　'우리는 제일 높은 산꼭대기까지 올라갔다. … 거기서 나는 십자가 하나를 보게 되었다. 십자가가 거기 서 있는 이유를 알 수 없었다. 무슨 종교적 연관성이 있는지도 알 수 없었다. 나는 이 십자가가 기독교와 관련성이 있다고 믿는다. 상징하는 의의가 많은 십자가를 볼 때에 나는 이상한 감상을 하게 되었다. 나는 가련한 이 백성들이 언제나 십자가의 의의와 거기 포함 되어있는 진리를 완전하게 알고 사랑하게 될 것인가 생각하였다.'[105]

　　1866년 9월의 병인양요는 그해 초에 일어났던 병인박해로 프랑스 선

---

105 백낙준, 〈한국 개신교사〉, 연세대출판부, 1998, p.55

교사 9명이 처형당하자 그것을 빌미로 프랑스군이 강화도에 침공하여 전투를 벌인 사건이었다.

개전초기에는 총 7척의 함대와 1,500여 명의 정예 병력을 지닌 프랑스 측이 조선을 쉽게 제압하게 될 것으로 예측됐다.

그러나 전투는 40여 일이나 걸렸고 프랑스군은 조선 진영 깊숙이 진군하기도 하였으나 조선의 거센 대항과 자국 내 정세 변화 등으로 11월 18일 물러날 수밖에 없었다.

약한 무기와 화력에도 불구하고 조선의 대항이 만만치 않았던 것은 관군은 물론 의병, 승병, 포수 등이 하나가 되어 필사적으로 싸웠기 때문이었다.

1871년 4월 이들이 다섯 척의 군함에 85문의 대포와 1,230여 명의 군인을 싣고 서울로 가는 길목인 손돌목을 지나려다가 강화도의 포대로부터 포격을 받았다.

이에 미국은 조선의 사과와 배상을 요구했으나 강화 해협을 항해하는 것은 영토 침략 행위라며 조선 조정이 거절하자 초지진과 덕진진을 점령한 후 광성진을 공격하기에 이르렀다. 미 함대는 광성진에서도 화력의 우세를 바탕으로 조선군에 승리를 거두지만, 결과적으로는 미국 역시 통상 교섭 확보에 실패한 채 40여 일만에 물러나고 말았다.

프랑스에 이어 미국의 함대마저 격퇴시킨 대원군은 전국에 다음과 같이 새긴 척화비를 세워 쇄국의 의지를 다졌다.[106]

'洋夷侵犯 非戰則和 主和賣國 刑萬年子孫
(서양 오랑캐가 침범하는데 싸우지 아니하면 화친을 하자는 것이다. 화친을 주장하는 것은 매국임을 만년토록 자손에게 경계한다.)

106 강재언, 〈한국 근대사〉, 한울, p.27

Chapter

04

씨앗은 싹을 틔우고

    복음의 씨앗은 죽은 땅에서 점차 그 싹을 틔우기 시작한다. 씨앗과 뿌리를 심은 것은 바깥에서 찾아든 자의 몫이었으되, 동토 속에 잠든 뿌리를 깨워 싹을 낸 것은 안에 있는 자의 몫이 되었다.

    중국에서 성경을 번역하고 출판한 일은 조선에서 온 청년들의 도움이 없이는 불가능한 것이었다. 그리고 이 땅에 최초로 자생 교회가 설립된 것 역시 조선의 청년들이 이루어낸 결실이었다.

    이 청년들은 서양의 기술 문명에 관심을 기울이며 외지의 선교사들을 통해 개신교 신앙을 받아들였고, 그 결과 한국 기독교 역사의 선구자가 되었다.

한글 성경 번역

중국은 1850년대에 들어오면서 몇몇 항구를 외국인들에게 개방하지 않을 수 없었다. 이 무렵 만주의 해상을 출입할 수 있는 영구(營口)도 개방되었다. 이렇게 되자 만주지역에도 선교사가 들어갈 수 있게 되었는데, 이러한 기회를 재빠르게 활용한 것이 영국이었다.

사실 만주지역은 영국 선교사들에 의해 개척되었다고 해도 무리는 아닐 것이다.

1867년 잉글랜드 장로교회 소속의 번스(W. C. Bums) 선교사를 필두로 해서 여러 선교사들이 잇달아 만주에 들어왔다. 1872년 10월엔 스코틀랜드 연합장로교회 소속의 로스(John. Ross 魯勢, 羅約翰) 선교사도 임지로 정한 영구에 도착했다. 로스는 영구 도착 첫해 겨울을 중국어와 만주어를 공부하는데 열성을 다했고, 이듬해 봄쯤에는 중국어 설교가 가능하게 되었다.

로스 선교사, 조선인을 만나

로스는 영구에 오기 전 지푸 주재 윌리암슨(Alezander Williamson)으로부터 1866년 토마스 선교사의 순교에 대한 소식을 듣고 큰 감명을 받았고, 아직 복음이 들어가지 않은 조선 선교에 열정을 불태우고 있었다. 그래서 영구지역의 현황 파악이 끝나자 로스는 1874년 10월 9일 처음으로 고려문(高麗門 Korean Gate)을 방문하였다.

로스 선교사

고려문은 원래 청 태조가 중원을 통일한 후 조선의 침입을 막기 위해 설치한 6문 중의 하나인데, 조선의 사신이나 상인들의 내왕은 오직 이곳으로 제한했었다. 따라서 고려문은 조선인이 중국에 들어가는 관문과 같은 곳이었고, 봄과 가을에는 정기적으로 교역 시장이 열리면서 조선인들이 많이 모여들게 되었다.

평안북도 의주 건너편에 있는 봉황성(鳳凰城) 아래에는 인구 약 3천 명 정도의 조선인 거주지가 있어서 조선과 만주 사이의 합법적인 교역 중심지 역할을 하면서 조선 상인들의 왕래가 잦았다.[107]

로스는 이곳에서 처음으로 조선인들을 보았지만 함께 온 관리들의 감시 때문에 개인적인 접촉은 불가능하였다.

로스는 외국인과 조선인의 접촉을 국법이 철저히 봉쇄하고 있으며, 1871년 이후 대원군의 쇄국정책으로 외국 종교에 대한 통제가 매우 삼엄하다는 것을 절감할 수밖에 없었다. 로스는 첫 번째 고려문 방문을 이러한 상황을 살피는 정도로 끝내야 했다. 아마도 이때 로스는 간접 선교의 뜻을 키우기 시작했을 것이다.

로스는 1876년 4월 말에서 5월 초 사이에 2차로 고려문을 방문했다. 이번에는 거리로 나가는 대신 여관에 유하면서 중국인 서기를 시켜 은밀히 조선인을 불러들였다. 이때 로스가 만난 사람이 의주(義州) 출신의 조

---

107 ① 김대인, 〈숨겨진 한국교회사〉, 도서출판 한들, 1995, p.135
② 김광수, 〈한국민족기독교 백년사〉, p.27

예수성교전서_로스, 1887년

선인 청년 이응찬(李應贊)이었다.

압록강을 건너다 풍랑을 만나 물건을 다 잃고 상심에 빠져있던 이 청년은 로스로부터 한국어 선생이 되어 달라는 제의가 들어오자 그것을 받아들이기로 했다.[108]

로스는 곧 영구를 매제인 매킨타이어(John. Macintyre)에게 인계하고 북쪽의 우장(牛莊)으로 옮겨 앉았다. 그리고 얼마 후에는 선교의 중심기지를 남만주의 봉천(지금의 瀋陽)으로 옮겨갔고, 거기서 한국어 공부를 시작했다.

1877년 그는 이응찬의 도움으로 조선 선교사를 위한 〈한국어 입문서(Corean Primer)〉를 상해에서 발간할 수 있었다.[109]

이 무렵부터 로스는 우리말 성경 번역을 시작하였는데 이응찬과의 인연으로 만나게 된 백홍준(白鴻俊), 이성하(李成夏), 김진기(金鎮基) 등이 번역 사업에 참여하였다. 이응찬의 고향 친구들인 이들의 도움으로 1878년 봄에는 요한복음과 마가복음이 번역되었다.

이 번역 사업은 1879년 5월 로스가 안식년을 맞이해 본국에 돌아가면서 일시 중단된다.

---

108 ① 곽안전, 〈한국교회사〉, 대한기독교서회, 1961, p.21
　　 ② 김광수, 〈한국민족기독교 백년사〉, p.27
109 김해연, 〈한국기독교회사〉, 성지출판서, 1999, p.80
　　 로스는 1879년에는 한국의 문화와 역사를 다룬 〈한국의 역사, 고대와 근대〉(History of Corea, Ancient and Modem)를 출판하기도 했다.

한국 개신교 신자의 탄생

로스가 조선을 떠난 1879년에 매킨타이어는 마치 그 공백을 대신 채워 넣기로 되어 있는 사람처럼 한국교회사에 길이 남을 큰일을 하게 된다. 로스가 하던 번역 사업을 맡아서 했을 뿐 아니라, 역사상 처음으로 4명의 조선인에게 세례를 베푼 것이다.[110]

이때의 수세자(受洗者)는 번역 일을 돕고 있던 백홍준, 이응찬이며, 나머지는 자료가 없어 밝혀지지 않고 있다.[111] 본국에서 이 소식을 들은 로스는 '앞으로 거두어들이게 될 풍성한 수확의 첫 결실(First Fruits)'이라며 기뻐했다.[112]

병인양요 이후로 대원군의 쇄국정책이 강화되어 외국인 선교사의 입국이 불가능했고, 따라서 만주 땅에 있는 조선인들을 교화하여 그들로 하여금 국내 전도에 종사케 하려던 것이 로스의 계획이었으니, 이 일은 간접 선교를 이루는 첫 결실이었던 셈이다.[113]

매킨타이어에 의해 첫 조선인 세례자들이 탄생한 후 만주에서도 세례자들은 계속 배출된다. 1882년에는 식자공(植字工)으로써 성경 인쇄의 실무자였던 김청송(金靑松)이 로스에게 세례를 받는다.

성경 번역과 목활자(木活字) 파는 일을 돕던 서상륜도 안식년이 끝나고 로스가 돌아왔을 때 세례를 받는다.[114]

---

110 세례가 베풀어진 해를 1876년이라고 보는 견해도 있다.
111 의주 출신의 네 청년이 바로 그들이라고 보는 견해도 있다.
112 이덕주, 〈초기 한국기독교사 연구〉, 한국기독교역사연구소, 1995, p.13
113 김광수, 〈한국민족기독교 백년사〉, p.27
114 ① 이덕주, 앞의 책, p.13
　　② 김광수, 〈한국민족기독교 백년사〉, p.30

신앙 공동체의 형성

김청송은 서간도 조선인촌에서 신앙 공동체를 형성한 주역이었다. 그는 세례를 받은 그해 12월 첫 매서인으로 서간도 지역에 파송을 받아, 자기 고향을 중심으로 28개 조선인 마을을 방문하며 전도를 한다. 그로부터 2년 후인 1884년 말 서간도의 네 개 마을에서 김청송의 전도를 통해 75명이 로스에게 세례를 받게 되고, 1885년에는 교인들이 학교까지 세울 정도로 발전한다.[115]

이응찬, 서상륜, 백홍준, 김청송, 이성하 등 만주 영구와 서간도 신앙 공동체의 주역들은 모두 정치·경제적으로 소외되었던 서북 출신들로, 상업에 종사하는 처지의 몰락 양반 가문이었기에 조선의 기존 사회체제에 대한 문제의식을 바탕으로 기독교에 과감히 접근할 수 있었던 것으로 해석되고 있다.[116]

만주에서의 성경 번역과 출판

로스가 영국으로 간 사이에 백홍준의 소개로 같은 의주 청년인 서상륜(徐相崙), 서경조(徐景祚) 형제가 만주로 건너가게 되었다. 원래 서씨 형제는 만주를 왕래하는 홍삼 장사였고, 이때에도 장사를 하기 위해 영구까지 올라갔던 것이다.

그곳에서 서상륜은 먼 여행으로 인한 과로 때문인지 장티푸스에 걸려

---

115 이덕주, 앞의 책, p.14
116 이덕주, 앞의 책, p.14~15

사경을 헤매었다. 매킨타이어의 주선으로 그는 선교부가 경영하는 병원에서 치료를 받을 수 있었는데, 이때 매킨타이어가 매일 병원에 와서 친절히 위로하며 예수 믿기를 권하였다. 감동받은 서상륜은 병이 나으면 예수를 믿겠다고 약속했고, 병은 의사의 정성어린 치료로 완쾌되었다. 서상륜은 약속한 대로 예수를 믿었고, 로스가 안식년이 끝나 귀환한 후 세례도 받았다. 서상륜은 그 후 로스와 함께 봉천에 체류하면서 성경 번역 작업과 인쇄소 일을 돕게 된다.

로스는 본국 교회와 교인들의 경제적 지원을 얻어 한글 인쇄시설을 마련해 1881년 만주로 돌아왔다. 그리고 시험적으로 한글로 된 문서인 〈예수성교문답〉과 〈예수성교요령〉을 10월에 인쇄했다.

이 단행본은 한글로 된 최초의 기독교 서적이었다. 국내에서 처음 발행된 것은 1889년에 나온 언더우드의 〈속죄지도〉와 아펜젤러의 〈성교촬요〉 등이 있다.[117]

1882년 이른 봄 로스는 백홍준, 김진기, 서상륜 세 청년을 데리고 봉천으로 가서 인쇄소를 설치했다. 그리고 가을에는 그곳에서 한글로 된 최초의 성경인 누가복음과 마가복음을 인쇄할 수 있었다.[118]

우리나라 최초의 성경 번역과 출판은 이처럼 영국 선교사들의 노력과 조선 청년들의 헌신적인 협력이 어우러진 결실이었다.

1887년 신약 전체가 번역되기까지 출판 과정은 다음과 같다.

① 1881년 10월 초에 예수성교문답과 예수성교요령 발간
② 1882년 봄에 예수성교누가복음전서 발간〈한지(韓紙)에 51쪽〉
③ 1882년 5월에 예수성교요한복음전서 발간〈3천 부〉

117 김해연, 〈한국기독교회사〉, 성지출판사, 1999, p.112
118 곽안전, 〈한국교회사〉, 대한기독교서회, 1961, p.23

④ 1884년 마태 마가복음 발간

⑤ 1887년 예수성교전서 발간〈신약 전체 번역 완료〉

성경을 번역하고 출판된 일은 선교역사에서도 매우 희귀한, 놀라운 역사로 받아들여지고 있다.[119]

이미 유포되어 있던 한문 성경이 한자를 터득한 지식층에 국한되어 읽혀졌던 반면에 한글 성경은 글자를 읽을 수 있는 사람이라면 누구나 접근할 수 있었으므로, 성경의 한글 번역 사업은 선교의 영역이 대중적으로 확산되는 것을 의미하는 것이었다.[120]

일본에서의 성경 번역

만주에서 로스 선교사가 의주 청년들과 함께 신앙 공동체를 이루어 성경 번역을 하고 있을 때에 일본에서도 비슷한 일이 진행되었다. 그 주역을 맡았던 사람은 이수정(李樹庭)이라는 양반 계층의 학자였다. 그는 임오군란 당시 명성황후를 구한 공로로 고종의 후의를 입어 1882년 9월 박영효 일행이 일본에 수신사(修信使)로 갈 때 비공식 수행원으로 동행했다. 그는 1881년에 신사유람단으로 일본을 다녀온 바 있던 친구 안종수로부터 미리 전해 들은 것이 있어 일본에 도착하자마자 쓰다센 박사를 찾아갔다. 이때 이수정은 쓰다센에게 한문 성경을 받아오게 되었고, 성경을 탐독하면서 기독교로 개종할 결심을 굳히게 되었다. 이후 그는 쓰다센의 인도하에 성경 공부를 착실히 하면서 1883년에는 세례를 받았다.[121]

119 이덕주, 앞의 책, p.14

120 이덕주, 앞의 책, p.14~15

121 ① 이덕주, 앞의 책, p.15

② 김해연, 〈한국기독교회사〉, 성지출판사, 1999, p.82

그는 일본에서 성경을 우리말로 번역하기도 했는데, 후에 선교사들이 조선으로 들어올 때에 가지고 들어온 성경이 바로 그가 번역한 것이었다. 이수정의 일본에서의 활동은 1884년 갑신정변의 여파로 끝나게 되며, 귀국 후에는 처형을 당하게 되는 운명을 맞는다.[122]

언더우드의 성경 번역

조선에 와서 성경 번역을 맨 먼저 한 사람은 언더우드였다. 그는 기존의 번역본들이 중국어 단어들로 가득한 데다 인쇄 상태마저 형편없어서 다시 번역을 시작하기에 이르렀다.[123]

언더우드가 성경을 번역하게 된 직접적인 계기는 성경 전체의 번역을 위한 번역위원회를 구성해보라는 주일 미국성서공회총부 헵번(J. C. Hepburn)의 조언 때문이었다.

언더우드

언더우드는 헵번의 조언을 받아들였고, 1887년 언더우드의 제안에 따라 성서번역위원회(The Commitee for Translating the Bible into the Korean Language)가 구성되어 언더우드가 위원장을 맡았다.

그리하여 1896년 7월호 이후의 〈한국화보(韓國畵報, Korean Repository)〉에는 〈대지주명(The Lords Command)〉, 〈샹뎨진리(The True Doctrine of Sang je)〉, 〈권중회(Exhortation to Respentance)〉, 〈삼요록(The three principles)〉, 〈진리 이지(An Easy Introduction to

122 김인수, 〈간추린 한국교회의 역사〉, p.56
123 김해연, 〈한국기독교회사〉, 성지출판사, 1999, p.107~108

언더우드와 성경 번역_한국상설성경위원회

Christianity)〉, 〈그리스도 문답(The Christian Catechism)〉 등 이른바 언더우드 출판물로 불리는 번역 교리서들의 간행을 알리는 광고가 나타났다. 1900년 신약 성경이 출판되고, 1911년에는 구약이 출판됨으로써 언더우드와 번역위원회의 노력은 결실을 맺었다.

　이 성경은 1937년 다시 전면 개정이 되었는데, 이 개정판을 개역(改譯) 성경이라고 하고, 개정되기 이전의 것은 구역(舊譯) 성경이라고 한다.[124]

---

124 ① 김해연, 〈한국기독교회사〉, 성지출판사, 1999, p.109
　　 ② 이광린, 〈개화기 연구소〉, 일조각, 1994, p.13

소래교회 설립

성경의 반입

성경 번역과 인쇄가 궤도에 오르자 이 일을 돕던 의주 청년들에게는 완성된 성경책을 짊어지고 다니면서 복음을 전하고 교회를 세우는 사명이 주어졌다.

착실하게 훈련된 의주 청년들은 우선 복음서의 반입을 시도했다.

1883년에는 이성하가 성경을 가지고 봉천을 떠났다. 이성하는 압록강 건너편에 이르렀지만, 성경을 가지고 무사히 들어갈 것 같지가 않자 우선 밖으로 나가 동태를 살폈다. 이성하의 거동을 수상히 여긴 주막집 주인은 방 안에 놓아둔 짐짝을 풀어보고 겁에 질린 나머지 이 금서들을 불에 태워 없애거나 압록강 물에 내던져 버렸다. 이성하의 뒤를 이어 백홍준이 성경을 가지고 우장을 출발하였다. 10일 만에 의주 건너편에 있는 싸하지라는 마을에 도착한 그도 역시 성경책을 그냥 가지고 들어갈 수가 없다는 것을 알았다. 백홍준은 가지고 온 책을 한 장씩 한 장씩 종이로 풀었고, 그 종이를 말아 가지고 노끈을 꼬았다. 그리고 시장에서 낡은 책을 사다가 그 끈으로 묶어 마치 책을 사 오는 것처럼 가장할 수 있었다. 국경을 넘어 집에 도착한 백홍준은 성경으로 엮은 노끈을 풀어서 다시 책으로 만들었다. 그는 이 책을 가지고 의주를 중심으로 위원과 강계 등지를 다니면서 전도를 시작했고, 반년도 못되어서 10여 명의 신자가 생겨나 주일마다 백홍준의 집에서 예배를 드렸다.[125]

권서 서상륜의 입국

서상륜에게도 무거운 소임이 맡겨졌다. 대영성서공회(British and Foreign Bible Society)에 의해 한국 교회사에 최초의 권서인(勸書人 Acolporteur)이라는 직분이 주어졌다. 권서란 성경을 나누어 주고 전도하는 직분으로 영국 성서공회가 활동비를 지원했다.

조선으로 출발하기 전에 봉천 교회에서 파송식이 거행되었다.

서상륜은 로스 선교사 부부와 함께 꿇어 엎드려 주께서 이끌어 주시고 보호해 주실 것을 기도하였다.

국경을 통과하는 것은 용이한 일이 아니었다. 고려문에 도착했을 때 그는 청국 관리에게 불심 검문을 당하는 바람에 그만 기독교 서적을 소지한 것이 탄로 나고 말았던 것이다.[126] 그는 별정소로 인계되어 성경을 압수당하고 투옥되는 신세가 되었다. 이 시기에 조정은 기독교의 수용을 위한 의지가 추호도 없었다. 1881년 5월에 고종이 발표한 척사윤음에는 사교에 대한 경계가 어김없이 천명되고 있으며, 1882년 수호조약을 맺을 때도 통상 수호의 교섭에 나선 김홍집이 '불립교당(不立敎堂)'의 문구가 빠진 것을 강력히 항의할 정도였다. 개화파조차도 기독교 수용에 대해서만큼은 긍정적인 입장을 보류하고 있었다. 종교적인 측면이라기보다 민족사적인 이유일지라도 기독교가 나라의 발전과 부강에 기여를 할 수 있다는

---

125 ① 김광수, 〈한국민족기독교 백년사〉, p.31
② 김양선, 〈한국의 성서 번역사〉, p.20~21, 김해연, 앞의 책, p.81 재인용
126 김양선, 〈한국기독교사 연구〉, p.52

태도가 나타나려면 아직 시간이 더 흘러야 하는 상태였던 것이다.[127] 그는 이제 죄인으로 압송되어 죽을 운명에 처할 것이었다.

그러나 천만다행스럽게도 별정소에는 마침 그의 먼 친척 김효순(金孝淳)과 김천련(金天蓮) 두 사람이 파견 근무를 나와 있었다. 서상륜은 그들의 도움으로 야밤에 구출되어 성경까지 간직한 채 국경을 넘을 수가 있었다.[128]

1882년 10월 서상륜은 다량의 성경을 짊어지고 무사히 압록강을 건너 의주로 돌아왔다. 서상륜은 가져온 성경과 교리서를 가지고 고향 의주에서 암암리에 전도를 하였다. 이때 준비해 간 성경은 예수성교 누가복음과 예수성교 요한내복음이었다.

그러나 기독교를 전도한다는 소문이 퍼지면서 그는 신상에 위협을 느끼게 되었고, 동생 서경조와 함께 자기 삼촌이 살고 있는 황해도 소래로 몸을 피하지 않을 수 없었다.[129] 이것이 계기가 되어 두 형제는 그곳에 정착하게 된다.

서상륜은 권서로서 소임을 다해야 했으므로 이듬해 초 본래 목적지인 서울로 떠나지 않을 수 없었다.

서울에서 서상륜은 처음 3개월간 셋방살이를 전전하다가 남대문 안 창동에 거처를 정하였다. 그는 전도에 열성을 기울였고, 머잖아 서울뿐 아니라 수도권 일원에 있는 작은 도시까지도 많은 사람을 예비 신자로 확보할 수 있었다. 1885년에 로스가 대영 성서공회에 보낸 보고서 내용을 보면 서상륜은 서울 체류 2년 동안에 70명의 수세 희망자를 확보하고 있었다. 서울 서부의 한 도시엔 설교당을 마련해 18명의 신자가 있었고, 서

---

127 민경배, 〈한국의 기독교〉, 세종대왕기념사업회, 2000, p.33~36
128 김광수, 〈한국민족기독교 백년사〉, p.32
129 김인수, 〈간추린 한국교회의 역사〉, p.55

울의 남쪽 도시에도 20명 이상의 신자가 있었다. 서상륜은 이러한 선교업 적은 선교사들도 쉽게 이룰 수 없는 대단한 성과였다.

가져온 성경책은 얼마 안 가서 바닥이 나고 말았다. 1884년 봄에 로 스는 이 같은 소식을 듣고 상해와 제물포 간의 기선 항로 편을 이용하여 6 천 권의 쪽복음서를 보냈다. 이 책들 역시 인천세관에 걸려 묶이는 신세 를 면할 수 없었으나, 이번에는 당시 인천세관의 고문관으로 있던 묄렌도 르프(P. G. von Molendorf 穆麟德)의 도움으로 서상륜에게 전해졌다.[130]

서경조의 신앙 입문

형 서상륜과 달리 이때만 해도 동생 서경조는 신앙인이 아니었다.

서상륜은 소래에 있는 동생을 서울로 불러 신약전서와 덕혜입문(德慧 入問)등 소책자를 권했다. 동생 서경조는 소래로 돌아와 그 책들을 꼼꼼 히 읽었고, 점차 성경에 심취하게 되었다. 그의 이러한 변화는 주위 사람 들에게 영향을 미쳐 소래에 신앙 공동체가 생기는 기반이 되었다.

서경조는 이때의 신앙 입문 경위를 다음과 같이 고백하고 있다.[131]

'1883년 계미년 장연 송천동에 이주(移住)하게 된지라 이때의 백씨 (伯氏, 서상륜)는 심양(瀋陽 봉천)에 들어가 로스 목사에게 수세(受洗)하 고 매서(賣書)직분을 받아 조선 경성에 이거(移居) 하시고, (나는) 상경(上 京)하란 하서(下書)를 받고 상경 하니 마침 그때 심양으로부터 책 상자가 청상편(淸商便)으로 비밀리 나온지라, 신약전서와 덕혜입문 등 성서를 가 지고 래(來)하여 비밀히 신약을 두어 번 보아도 알 수 없는지라, 그러나

---

130 김해연, 〈한국기독교회사〉, 성지출판사, 1999, p.83

131 윤경로, 〈새문안교회 100년사〉, p.54

이 책 속에 기이한 술법이 있으리라 하고 차차 모르는 것은 심히 생각하여 보기를 수차 늘려 하니 더러 알 것이 있는 동시에 전에 기이한 술법(術法)이나 얻어보려 하던 마음은 없어지고 예수교에 마음이 깊이 들어가는 동시, 그 교를 하면 피살(被殺)하리라 하는 마음이 생겨 심중전(心中戰) 일어나는지라.'

이 기록을 보면 서경조는 1884년 봄 서울에 있는 형 서상륜을 만난 후 소래로 돌아와 성경을 읽는 가운데 마음의 변화를 일으켰다. 그는 성경 안에서 진리를 터득한 것이다.

최초의 자생 교회가 설립되다

이런 신앙의 경지에 올라선 서경조는 마침내 소래교회를 설립하는 데 주역을 맡게 된다.

서경조가 소래에 교회를 세우는 데에는 서상륜의 공헌도 컸다.[132]

서울로 올라와 2년여 동안 전도 활동을 하고 있던 서상륜은 1884년 12월 급진 개혁파의 주동으로 일어난 갑신정변이 실패로 끝나자 또다시 신변에 불안을 느끼지 않을 수 없었다.

개혁파의 중심인물 김옥균, 박영효 등이 기독교에 협조적이었기에 반대파인 수구 세력의 기독교에 대한 대대적인 단속이 예기되었던 탓이다.

서상륜은 이때 동생이 있는 소래로 은신한 것으로 보인다. 그리고 대략 1년 동안 그는 동생과 함께 소래교회의 기반을 닦으며 전도 활동을 했던 것이다.

이때 소래교회에서 드리는 예배는 지금과 같은 체계적인 예배라기보

132 이 부분에 대새서는 다른 견해가 있기도 하다.

다는 외딴 초가집에서 신앙을 고백한 교인들이 모여 함께 기도하는 정도에 지나지 않았을 것이다.

서상륜은 오랜 기간 선교사들과 예배를 드린 경험이 있고, 성경 번역에도 참여했던 사람으로 상당한 성경 지식을 갖추고 있었을 것으로 보인다. 그러한 서상륜이 동생 서경조와 함께 교회를 세워 이끌어가면서 소래교회에는 많은 사람이 모여들었고, 세례를 받겠다는 지원자도 늘어갔다.

선교사에 의해서가 아니라 자생적으로 세워진 최초의 토착 교회인 소래교회는 '한국 개신교의 요람지(Cradle of protestant Chrisrianity)'가 되었다.[133]

1886년, 교회의 기반이 단단해진 것을 확인하고 서상륜은 다시 서울로 올라간다. 동생 서경조는 1887년 1월 23일에 서울로 올라가 언더우드(H. G. Underwood) 목사에게 세례를 받았다.

서상륜은 그의 동생 서경조와 다른 두 청년을 언더우드에게 데려가 세례를 베풀어 줄 것을 청하였다.

당시가 1882년 미국과의 수호조약으로 교사와 의사 등 미국인들이 조선에 입국하여 자리를 잡을 수 있는 분위기가 마련되었고, 언더우드, 아펜젤러 같은 미국 선교사들도 1885년 4월부터 입국을 한 상황이긴 했지만, 선교 활동만큼은 여전히 공인되지 않았다. 선교의 자유가 완전히 허용되기까지는 그로부터 13년을 더 기다려야만 했다.

그래서 언더우드는 국법에 금지되어 있는 세례를 받을 경우 생명을 잃게 될 수도 있다는 말을 하였지만, 이들은 흔들리지 않았다. 결국 언더우드는 자신 또한 위험을 무릅써야 하는 상황에서 기꺼이 세례를 감행하였다.[134]

---

133 김광수, 〈한국민족기독교 백년사〉, p.32

134 김해연, 〈한국기독교회사〉, 성지출판사, 1999, p.106

소래에 예시된 섭리

한국 최초의 자생 교회가 세워진 곳, 소래

소래는 북쪽에 불타 산맥이 병풍처럼 둘러 처져 있고 남쪽으로는 비교적 넓은 평야가 구미포와 대동만에 맞닿아 있는 풍요로운 농어촌 마을이었다. 소래의 넓은 들에 풍부한 농업용수를 공급하면서 북쪽의 허룡산에서 발원한 소래천이 대동만으로 흐른다. 소래벌은 장연군 내 3대 곡창지대 중 하나로 소나무와 물이 풍부하여 칠년대한(七年大旱)에도 마르지 않는다는 곳이다.

바로 이 소래라는 명칭에서 우리는 복음의 예시를 보게 된다.

소래의 공식적인 행정구역 명칭은 황해도 장연군(長淵郡) 대구면(大球面) 송천리(松川里)이다.

장연(長淵)은 중국 산둥반도와 가장 가까이 있는 첫 번째의 고을이다. 장(長)은 처음 맨 먼저라는 의미이고, 연(淵)은 넓고 길게 팬 땅에 물이 괴어 있는 곳을 말하나 여기서 문물(文物)을 많이 받아들인다는 의미로 해석될 수 있다. 간추리자면 중국에서 들어오는 모든 문물을 받아들이는 첫 번째 고을이란 뜻이 된다.[135]

---

135 〈漢韓辞典〉, 금성출판서, p.898

실제로 장연은 예로부터 중국의 문물이 들어오는 관문이었다.

19세기의 기독교가 장연을 통해 들어오게 된 연유는 1장에서 언급한 바와 같다.

장연군에서 소래의 위치는 대구면(大救面)이다. 대구(大救)는 큰 구원이라는 뜻이다. 따라서 장연군으로 들어온 기독교는 큰 구원이 예고되어 있는 지명인 이곳에 세워져야 했던 것을 이해할 수 있다.

교회가 세워지게 되는 곳인 소래(松川)는 송(松)과 천(川)으로 푸른 소나무와 맑은 물이다.[136]

사철 변함없이 청명한 물, 그야말로 오염되지 않은 생수(生水)인 것이다. 생수는 생명수(生命水)와 같은 의미로 영적 생명을 유지하는 데 필요한 물이다. 생수는 또 성경에서 하나님의 복음을 이르는 말이기도 하다. 구원의 성전인 교회가 생수가 흐르는 소래에 처음으로 들어서리라는 예시를 이곳의 지명 속에서 확인할 수가 있다.

역사적 징후들은 1816년 영국 해군의 맥스웰 대령이 해로탐사 겸 선교차 왔다가 소래 앞바다에 왔었으며, 1832년 귀츨라프 선교사가 소래 해안까지 와서 어부들과 필담을 나누기도 했다. 1846년 천주교의 김대건 신부가 역시 소래 앞을 지나갔었고, 1865년 토마스 선교사는 소래가 손에 잡힐 듯 바라보이는 육도에 상륙했었다. 그리고 1867년 콜벳 선교사는 셔면호의 행방을 추궁하기 위해 소래 인근의 목동포에 1주일이나 체류했었던 것이다.

---

136 〈漢韓辭典〉, 금성출판서, p.755

Chapter
05

백령도에 맺은 복음의 결실

백령도는 초기 기독교 선교의 역사에서 중추적인 역할을 하였다. 그리고 이제는 백령에 숨겨진 예시대로 하나님의 뜻이 실현될 때가 된 것이다.

그러나 여전히 역사의 시련과 더불어 한 발 한 발 다가가야 했다. 백령도는 19세기의 역사로부터 자유롭지 않았다.

하지만 하나님은 허득과 같은 인물들을 보내주셨다. 이들은 주민들과 함께 교회를 세우는 데 헌신적인 노력을 기울였고, 마침내 백령도의 모교회이자 자생교회인 중화동교회를 세우게 된다.

허득

불안한 정국

정조(正祖. 조선 22대 왕) 이후 어린 임금이 잇따라 즉위하면서[137] 정권은 외척의 손에 의해 전단(專斷)되었고, 세도정치(勢道政治)에 따른 권력의 집중으로 정치가 혼탁해졌다.

뇌물을 바치고 관직을 얻은 관리들은 그 대가를 농민에게서 염출했다. 그 결과 국가의 재정기구는 관리들의 사재를 채우기 위한 수단으로 전락했다.

국가의 재정을 받쳐주는 삼정(三政 : 田政, 軍政, 還穀)이 문란해지자 국가의 재정은 크게 위협받았고, 농민만 과중한 부담을 짊어지게 되었다. 지방 수령과 아전들의 수탈이 극에 달하자 민생은 도탄에 빠졌다.

백성들의 마음은 왕조로부터 멀어져만 갔고 이로 인해 전국 여러 지방에서 민란(民亂)이 끊이지 않았다.

순조 11년(1811년)에 홍경래(洪景來)의 난(亂)이 일어났다. 난은 곧 평정되었으나 민심은 더욱 동요하여 소규모의 민란으로 이어지다가, 철종 13년(1862년)에 진주민란(晉州民亂)이 일어났다. 진주민란도 결국은

---

137 순조(純祖 1800~1834), 헌종(憲宗 1834~1849), 철종(哲宗 1849~1863)

진압되었으나, 40여 일만에 익산(益山)에서 다시 농민들이 반란을 일으켰고, 개령(開寧), 함평(咸平) 등 삼남(三南) 전역의 70여 곳에서 농민 반란이 일어났다.[138]

황해도에서는 1880년 장연, 1885년 토산, 1893년 재령, 황주 등지에서 민란이 이어졌다. 황주에서 이듬해인 1894년 1월에 다시 민란이 일어나기도 했다.[139]

허득과 김산철이 관직에 오르다

1886년 전라도, 충청도 일원에서 시작된 동학이 경기, 강원을 거쳐 황해도 전역까지 세력을 뻗쳐오자 조정으로서는 대책을 세우지 않을 수 없었다. 그러나 민심은 왕조로부터 이탈해 있는 상태였고 동학은 갈수록 조직력을 키우고 있었다.

조정이 마련한 대책은 지방 토호들에게 관직을 주고 왕조편에 서도록 하는 것이었는데, 바로 이때 백령도에서는 중화동의 허득 공과 사곶의 김산철 공이 당상관(堂上官)의 관직을 받았다.[140]

1891년 허득 공은 정3품(正三品) 당상관인 통정대부(通正大夫)의 관계(官階)를 받고 동지중추부사(同知中樞府事)의 관직(官職)에 올랐다. 김산철 공 역시 정3품 당상관인 절충장군(折衝將軍)의 관계(官階)에 오위장(五衛將) 겸 첨지중추부사(僉知中樞府事)의 무관직에 올랐다. 이 무렵 허득 공은 60대 중반이었으므로 문관이 되었고, 김산철 공은 40대였으므로 무관의 관직이 주어진 것이다.

---

138 이기백, 〈한국사신론〉 한글판, 일조각, p.278
139 〈동학농민혁명의 지역적 전개와 시화변동〉 황해도 편, p.228~229
140 〈양천 허씨 백령문중 족보〉 허득 편, p.6

두 사람의 벼슬은 백령도 역사상 처음 있는 고위직으로, 지금으로 말하자면 별정직인 차관보(次官補)급에 해당되며, 무관으로 치면 중장급의 장군에 해당하는 것이었다.

두 사람은 임명된 날부터 백령진 첨사의 자문역(咨文役)을 맡았고, 백령진 동헌에서 모임이 있을 때는 물론 수시로 첨사의 자문에 응하는 등 백령진의 업무에 참여했다.

황해도의 동학 항쟁

1894년(고종 31년) 2월, 탐학과 포악으로 악명 높은 조병갑(趙秉甲)이 군수로 있는 전라도 고부(古阜)에서 마침내 백성들의 분노가 폭발했다. 군중들은 동학 접주 전봉준(戰捧準)을 영도자로 받들고 분연히 일어섰다. 동학 봉기였다.

일단 터진 백성들의 분노는 요원의 불길처럼 무서운 기세로 번졌고, 조정에서 이리저리 손을 써 보았으나 오히려 동학군의 사기만 높여줄 뿐이었다. 위협을 느낀 대신들은 사태가 조정의 힘만으로 막아낼 수 있는 한계를 벗어났다고 보고 급기야 청국군을 불러들이는 결정을 내리고 말았다. 도와달라는 요청이 있기가 무섭게 청국군은 우리나라에 들어왔다. 이때 천진조약(天津條約)에 따라 일본군도 늦을세라 청하지도 않은 군대를 파견해 오게 되는데, 이로인해 7월에는 청일전쟁이 벌어지게 된다.

한편 조정의 휴전 교섭 제의에 따라 일단 소강 국면으로 들어섰던 동학군의 봉기가 다시 전개되었다는 소식이 황해도 감영에 속속 전해졌다. 황해도의 동학군은 동학의 중심 지역인 전라도, 충청도와 같이 1차 동학군 봉기 때 함께 일어나지 않았다.

여기엔 여러 원인이 있을 수 있겠으나, 황해도는 거리가 너무 멀리 떨어져 있었고, 서로 간의 연락 체계도 원활하지 못했기 때문으로 보인다.

아무튼 황해도 지역의 동학군은 2차 동학군 봉기가 전개되었던 1894년 가을부터 치열하게 일어났고, 다른 지역에서 동학군의 활동이 진정된 후에도 비교적 활발하게 활동을 전개했다.[141]

황해도 지역에서 심상치 않은 징후가 나타나자, 이에 놀란 감영에서는 즉각 지방의 수령들에게 각별한 경계 태세를 취하라는 지시를 내렸다. 각 지방 수령들은 관군의 출동 태세를 점검하는 한편, 관군에 협력할 만한 장정들을 모조리 불러들였다.

백령도에 있던 허득 공과 김산철 공도 벼슬하는 처지였기에 장연군 관아에 나아가 관군에 협력했다.[142]

10월 하순, 황해도 동학군의 첫 봉기가 장연에서 폭발했다. 10월 25일에는 동학군 수만 명이 해주성으로 쳐들어가 군기(軍器)를 빼앗았다. 각 촌의 엽수(獵手) 800여 명이 동학군에 가담하여 화력이 크게 보강된 이들은 장차 황주로 향할 계획이었다. 동학군은 황해도의 3분의 2를 세력권에 두었다고 할 만큼 기세가 충천해 있었다.[143]

이때 청군을 만주 요동방면으로 몰아낸 후 청일전쟁의 마무리 전투를 치르는 일본군은 관군과 함께 대대적인 동학군 토벌에 나섰다. 탈취한 약간의 총기와 칼, 죽창 등이 전부였던 동학군은 신무기로 무장된 소수의 토벌대에게도 쫓길 수밖에 없었다.

전란 속의 교회

전투의 와중에서 다치는 것은 주로 동학군이거나 힘없는 백성들이었

141 〈동학농민혁명의 지역적 전개와 시화변동〉 황해도 편, p.228
142 〈양천 허씨 백령문중 족보〉 허득 편, p.6
143 〈동학농민혁명의 지역적 전개와 시화변동〉 황해도 편, p.235

다. 일정한 전선도 없이 도처에서 전투가 벌어지는 상황에서 백성들은 피난 갈 곳도, 숨을 곳도 마땅치 않았다.

그런데 오직 한 곳 그러한 곳이 있었다. 그곳은 십자가 깃발이 힘차게 펄럭이고 있는 소래교회였다. 이 교회는 이미 십 년 전인 1884년 설립된 우리나라 최초의 교회당으로, 캐나다인 매켄지(Mekenszie William Jonhn) 선교사가 담임목사로 시무하고 있었다. 이곳은 외국인이 관할하는 지역으로 인식되고 있던 만큼 관군, 동학군, 일본군 할 것 없이 누구도 감히 침범하지 못했다.

동학(東學)은 그 이름부터가 서학(西學)이라 불리던 기독교에 대항하여 나타난 것이기도 했다.

그래서 선교사들이 조선에서 물러갈 것을 경고하는 방문(榜文)을 선교사들의 집에 붙이는 일이 있었다.

그렇다고 동학도들이 선교사나 교회당을 직접 공격하는 경우는 거의 없었다.[144]

동학도들도 매켄지가 소래교회에 있는 동안 소래를 습격하겠다고 몇 번 위협을 했던 것 같다.

이때 매켄지는 전능한 하나님 외에는 어떤 무기에도 의존하고 있지 않음을 동학도들에게도 알리기 위해 가지고 있던 총을 박살내버렸다. 동학도들은 이 이야기를 듣고 소래교회를 공격하려는 계획을 중단했고, 그 후로 소래를 위협하는 일은 없었다. 그리하여 소래는 그 지역에서 습격받지 않은 유일한 마을이 되었다.[145]

나중에 동학은 반일(反日)이라는 측면에서 기독교와 의식의 일면을

---

144 민경배, 〈한국기독교회사〉, p.184~188, 김해연 〈한국기독교회사〉, p.137, 재인용
145 L. H. 언더우드, 앞의 책, p.165

같이하면서 척왜척양(斥倭斥洋) 가운데 척왜만을 주장하게 된다.[146)]

　이런 상황에서, 쫓기는 백성들은 소래로 몰려와 몸을 의탁했다. 부상당한 동학군도, 수배된 동학군의 간부들도 이곳을 찾아 숨어들었다.

　소래교회는 불쌍한 백성들을 정성을 다해 보호했다. 돌아갈 곳 없는 이들에게 교회는 머물 수 있는 숙소이며 목숨을 구할 처소가 되어 주었고, 헌신과 사랑으로 동행함으로써 큰 감화를 주었다.[147)]

　매켄지 선교사는 참형 직전의 동학 접주(接主)를 구하여 그 집안을 기독교 가정으로 개종시키기도 하였다.[148)] 이때처럼 교회가 강력한 영향력을 발휘했던 때도 없었던 듯 했다.

　관군에 편입되어 있던 허득 공은 난세 속에서도 힘을 잃지 않고 우뚝 존재하고 있는 소래교회를 직접 목도할 수 있었다. 아직 기독교를 제대로 알지 못하는 그였지만 이런 능력 있는 교회의 모습은 허득 공의 마음을 흔들어 놓기에 충분한 것이었다.

백령도의 동학군

　관군과 일본군의 토벌에도 불구하고 동학군의 기세는 간단히 꺾이지는 않았다. 그 때문일까, 백령도에 주둔하고 있는 관군을 동원하여 조만간 동학군 토벌에 나설 거라는 소문이 돌기 시작했다. 이때 백령도에는 함대를 움직이는 수군 말고도 지상군이 800여 명 정도 있긴 했지만, 이

---

146 ① 김해연, 〈한국기독교회사〉, 성지출판서, 1999, p.137
　　② 민경배, 〈한국기독교회사〉, p.184~188, 김해연 〈한국기독교회사〉, p.137 재인용
147 ① 민경배, '기독교와 동학의 접촉사', 〈한국교회사 학회지〉 창간호, 1979
　　② 김대인, 〈숨겨진 한국교회사〉, p.291 재인용
148 〈장연군지〉 종교 편, p.256

양선의 출입이 잦은 해상 상황을 감안할 때 병력을 철수시킨다는 것은 실제로는 가능하지 않은 일이었다. 그런데도 믿을 수 없는 이 소문은 계속 번지고 있었다.

이러한 상황은 현실을 역으로 전개시켰다. 오히려 동학군 측에서 먼저 이 불안의 근원을 제거하려 상륙작전을 펼쳤던 것이다.

백령도는 1894년 말 동학군으로부터 뜻하지 않은 선제공격을 받고 말았다.[149]

첨사(僉使)와 이졸(吏卒)들은 혼비백산 도망쳐 버리고, 진촌에 있었던 10여 동의 백령진 청사의 건물은 하나도 남김없이 불태워졌다.

백령진군이 가지고 있던 무기와 물자 등은 탈취되어 백성을 괴롭히던 탐관오리(貪官汚吏)들을 응징하는데 쓰였다. 이러는 가운데 백령도는 거의 폐허가 되었다.

백령도 상륙작전 등으로 동학군의 기세가 되살아 나는 듯 보였으나 근대적인 무기를 갖춘 정규 군대로 작전을 벌이는 일본군의 무자비한 토벌이 이어지면서 결국 동학군은 진압되고 말았다.

갑오경장(甲午更張)과 백령진의 폐진(廢鎭)

일본은 이제 조선 조정에 대하여 내정 개혁을 강요했다.[150]

그리하여 갑오경장(甲午更張)이라는 이름으로 시작된 개혁안이 1895년 초에 선포되었다.

---

149 〈백령약지〉 민란편, 1953
150 동학란이 일어난 근본 원인을 내정의 부패에 있다고 지적하고, 그 근본을 제거하기 위해서는 재정개혁을 단행하여야 한다는 구실을 내세웠지만, 실제로는 일본의 침략 정책을 추진하기 위한 새 정부가 필요했던 것이다.

갑오경장의 선포로 백령진이 폐진되고, 대신 도장(島長)이란 직함으로 호칭되는 대표자가 백령도를 다스리게 되었다.

정3품(正三品)의 수군첨절제사(水軍僉節制使)가 다스리던 독진(獨鎭)이며, 거진(巨鎭)이었던 백령진이 하루아침에 면(面) 단위 정도의 고을 어른이 끌고 가는 그야말로 하찮은 섬으로 전락해 버렸던 것이다.

이렇게 되자 백령진의 수군이 감당했던 대청군도 일원을 해상경계의 책무와 백령진군 및 함대의 지휘권 등 선참후계(先斬後啓)의 막강한 권한 역시 사라질 수밖에 없었다.

백령진의 소속 역시 황해도 장연군으로 환원되었다. 백령진 내에 행정 체제상 진내면(鎭內面), 북면(北面), 남면(南面)등 3개 면이 있었지만, 이것도 정리되었다.

관제(官制) 변경과 기구(機構) 축소는 당시 백령진에서 녹(祿)을 먹고 살던 군(軍)과 이졸(吏卒) 등의 감원과 직제의 하향 조정으로 이어졌다.

관제 정비의 과정에서 관원의 기강은 해이해졌고, 주민들의 혼란은 극에 달했다.

이런 때에 모반미수(謀反未遂) 사건으로 종신형(終身刑)을 받은 유배자(流配者) 7명이 백령도에 배치되어 왔다.[151]

백령도는 기존의 질서가 무너지고, 아직 새로운 질서가 확립되어 가는 과정이었기 때문에 유배된 죄인들을 관리할 인력과 시설조차 마땅치 않았다. 백령도의 상황으로는 7명이나 되는 죄인들을 관리할 능력과 기강이 서 있지 않았는데도 조정은 하급 관아의 사정도 파악하지 못한 채 죄인을 밀어 넣었던 것이다.

---

151 이때 유배자는 高致弘, 徐丙圭, 李汝益, 曹龍承, 李永培, 李乃春, 金乃吾 등 7명이었다.

죄인들은 공공연하게 도내 지역을 활보하다가 배를 타고 백령도를 떠나 버렸다.[152]

그러나 죄인들이 도망을 하는 데도 아무도 제지하는 사람이 없었다는 것은 이때의 백령도 형편을 단적으로 보여주는 것이다.

허득 공과 김산철 공이 들어오다

1895년 말 황해도 내의 동학군 토벌이 거의 마무리 될 무렵 관군에 편입되어 있던 허득, 김산철 두 사람이 1년여의 장연 체류를 마치고 백령도에 들어왔다.

백령도는 그들이 떠나던 때의 당당한 백령도가 아니라 나라에 죄를 지은 유배자들이 있고 싶으면 있고, 가고 싶으면 떠나버리는 곳이 되어 있었다. 도장은 주민을 제대로 통제하지 못하고 있었고, 주민들이 믿고 의지할 곳도 없었다.

두 사람이 먼저 서두른 것은 도내 질서를 유지하면서 분격하기 쉬운 민심을 진정시키는 일이었다. 두 사람은 주민들을 지도하는 데 있어 급하게 서두르거나 다그치는 일이 없었다. 늘 온건하게 순리를 따랐다. 백령도 주민들이 급격한 개혁에 따른 후유증에 시달리고 있는 것을 잘 아는 두 사람은 부작용이 수반되는 위로부터의 개혁보다는 백성들의 의식을 바꿔놓는 아래로부터의 개혁이 되어야 한다는 평소의 소신을 흔들림 없이 지켰다.

관계(官階)가 월등한 두 어른을 주민들은 존중하고 따랐다. 시간이 흐르면서 격양되었던 주민의 행동은 점점 가라앉았다.

---

152 〈고종·순종실록〉1898년의 각 도 配囚案

허득 공의 개화 의지

허득 공은 주민 의식의 변화는 신앙을 통해서만이 가능하다고 생각했고, 그 길이 가장 빠른 길이라고 여겼다. 그에게 기독교 신앙은 서구 문명을 받아들이는 첩경이었다. 그는 기독교를 신봉하는 나라는 강대국이라고 생각하고 있었다. 그래서 지금과 같이 질서가 무너지고 민심이 의지할 곳을 몰라 방황하는 때엔 서구의 기독교를 받아들여야 한다는 것이 그의 강한 의지였다.

이미 이때는 전국에 수십 개소의 교회가 설립되어 있었고, 신약성경을 비롯한 각종 전도 책자가 발행되어 있어서 어디나 마음만 먹으면 성경책 등을 쉽게 구해볼 수 있었다. 십여 년의 역사를 지닌 한국의 초대교회인 소래교회를 비롯해 황해도만 해도 십여 개소의 교회가 굳건히 있었다.

공(公)은 당장이라도 소래교회에 연락해서 기독교를 받아들이고 싶었으나 자신은 나라에서 벼슬을 맡고 있는 공인(公人)이었고, 또한 선교사에 한하여 병원과 교육 사업을 해도 좋다는 국왕의 윤허가 있었을 뿐 자유로운 선교가 허락되지 않은 상황이었다. 국법을 어기면서까지 기독교를 수용할 수는 없었다.

그는 사곶의 김산철 공과 자주 만나 국가와 백령도의 장래를 걱정하면서 하루속히 나라가 안정을 되찾고 지역 사회가 편안해지길 바랐다.

기독교 수용의 단초, 을미사변

1895년 봄 동양의 대국이라고 자만하던 청국이 청일전쟁(淸日戰爭)에서 신흥국가인 일본에게 무릎을 꿇자, 일본은 이제 조선의 내정에 마음대로 간섭하려 들었다. 일본은 대원군을 정권에서 물러나게 하고, 일본에

망명했다 돌아온 박영효 등을 내각에 등용하여 김홍집, 박영효의 연립 내각을 구성했다.

하지만 러시아를 비롯한 독일, 프랑스 등 3국은 일본의 일방적인 아시아 점령을 용인하려 들지 않았다. 세 나라는 동양 평화에 해롭다는 이유를 들어 일본에 압력을 가하여 일본이 청으로부터 빼앗은 요동반도를 반환토록 했다.(三國干涉)

청국이 신흥 일본제국에게 힘없이 무너지는 것을 보고 망연자실하던 조선은 3국 간섭으로 일본마저 무력한 모습을 보이자, 이번에는 배일친러(排日親露) 정책으로 기울기 시작했다.

이에 일제는 가장 장애가 되는 명성황후를 제거할 계획을 구체화시키고 육군 중장 미우라(三浦)를 주한 일본 영사로 파송했다. 그리고 1895년 10월 8일 미우라의 명령을 받은 일본 암살단들이 궁정에 잠입, 명성황후를 처참하게 살해한 후 궁성 숲으로 옮겨 뼈까지 태워 없애는 만행을 저지르는데, 이것이 '을미사변(乙未事變)'이다.[153]

일제의 만행을 일제히 비난하며 이 일을 적극적으로 외부에 알린 것은 선교사들이었다.

황후 시해가 있던 날 궁정을 찾아가 고종을 지켜보면서 게일(J. S. Gale) 선교사는 다음과 같은 기록을 남겼다.[154]

'국왕이 처한 처참한 모습은 보기에도 딱하였다. 그는 흐느껴 울었다. 명성황후를 일본 사람들이 죽였다고(하면서). 누가 이 비참에서 그를 구원할 수 있을까. 그는 머리털을 잘라 신발을 짜서 국모의 죽음을 갚는 사

153 L. Underwood, 〈Fifteen Years among the Top-knots〉, p.24, 김해연, 〈한국기독교회사〉, p.138 재인용

154 J. S. Gale, 〈Korean Sketches(Edinburg:Olimphant Anderson and Ferrior, 1898〉, p206, 김해연, 〈한국기독교회사〉, p.139 재인용

람에게 주겠노라고 뇌었다.

황후 시해 다음 날, 고종의 둘째 왕자 의화군(義和君)이 언더우드의 집으로 피신하기를 원한다는 전갈을 보내자, 언더우드는 의화군이 자신의 집으로 피신할 수 있도록 도와주었다. 의화군 뿐 아니라 정부의 고관들도 언더우드의 집 사랑방에 몸을 의탁했다.[155]

고종은 왕비를 살해한 무리들에 의해 연금된 채 자신이 다음번 희생자가 되리라는 우려를 금치 못했다. 러시아, 영국, 프랑스, 미국 등 각국 공사들이 매일 왕을 방문하면서 위로했다. 이때 언더우드는 고종을 위해 미국 공사와 영국 관리들의 통역으로 일했다.[156]

위기에 빠진 국왕을 위한 선교사들의 헌신적인 노력은 사람들에게 기독교가 애국 충군의 종교라는 인상을 각인시키면서, 이후 기독교가 조선에서 공식적인 인정을 받는 데 결정적 원인으로 작용하게 된다.[157]

개화의 뒤얽힌 움직임들

을미사변의 결과 다시 김홍집을 수반으로 한 내각이 들어섰다.

새 내각은 급진적인 개혁을 추진했지만, 반일의 민심은 무려 반일항쟁으로 이어져 일본의 침략 행위를 일시적으로 주춤하게 만들 정도였다.

1896년에는 고종이 러시아 공사관으로 파천(俄館播遷)하는 등, 열강들의 이권 쟁탈 속에서 우왕좌왕하며 나라의 체통이 비참하게 무너지자

155 L. Underwood, 〈Underwood of Korea〉, p.157, 김해연, 〈한국기독교회사〉, p.139 재인용
156 L. Underwood, 〈Underwood of Korea〉, p.147, 김해연, 〈한국기독교회사〉, p.139~140 재인용
157 김해연, 〈한국기독교회사〉, 성지출판서, 1999, p.140

백성들 사이에서 주권 상실의 위기를 극복하고 부국강병(富國强兵)을 꾀하려는 움직임이 일기 시작했다.

표면상으로 이들은 모두 근대사상과 개화사상을 지닌 인사(人士)들이었지만, 그 밑바닥에는 두 갈래의 서로 다른 가닥이 있었다. 서구식 교육과 기독교에 바탕을 둔 인사들이 서구 시민 사상을 수용하여 우리 사회를 개혁해 가자고 주장하고 있었고, 한학(漢學)에 바탕을 둔 인사들은 개신(改新), 유학적(儒學的) 입장에서 기존의 체질과 윤리관을 현실에 알맞게 개조 수용하자는 주장이었다.

이런 두 가닥의 주장은 쉽게 합일되지는 않았지만, 근대적이고 자주적인 국민의식을 형성하는 사상적 기반을 놓는 데 일조하게 된다. 그것이 불가피한 세계사의 흐름이었다.

러시아 공사관에 피신 중이던 고종에 대하여 국가의 체모와 국권의 수호를 위해 하루속히 환궁하기를 촉구하는 백성들의 여론이 높아지자, 1897년 고종은 러시아 공사관에서 경운궁으로 환궁하여 국호를 대한제국(大韓帝國), 연호를 광무(光武)라 고친 후 스스로 황제라 칭하며 자주독립국임을 선포한다. 그러나 그것은 내실이 수반된 것은 아니었다.

김성진과 교회 설립을 논하다

1897년 초에 정부 전복을 음모했다가 체포된 모반(謀叛) 죄인 김성진(金聲振), 황학성(黃鶴性), 장지영(張志永) 등이 1897년 말 백령도에 유배되어 왔다.[158]

이들은 오래전부터 뜻이 통하는 송진용(宋鎭用), 홍현철(洪顯哲) 등과

---

158 〈고종·순종실록〉 고종 34년조 7월 1898년의 각도 配囚案

함께 국왕 측근과 조정의 여러 대신을 제거한 후 자신들이 정권을 잡고 개혁을 해야 나라가 바로 선다고 생각해 왔던 사람들이었다.

이들의 개혁 정부수립 거사는 모의 과정에서 계책이 누설되고 말았다. 결국 1897년 7월 송진용, 홍현철은 참형되고 김성진과 황학성은 유배 10년 형을, 장지영은 유배 3년 형을 받아, 세 사람은 백령도로 오게 된 것이었다.

허득 공은 김성진 등 3명을 중화동으로 불러들였다. 1895년 7월에 백령도에 유배된 죄인들이 도망쳐 버린 일이 있은 후로 백령도로 오는 유배자 들은 모두 허득 공이 직접 관리하고 있었다.[159] 허득 공은 이번에도 자신의 집에서 숙식을 같이하면서 유배자들과 함께 지내기로 한 것이다.

유배자들 중에 김성진은 한학자로 소과(小科)에 급제한 진사(進士)였다. 적소(謫所)로 떠나오기 전 감리교 신자인 그의 조카로부터 성경 한 권을 건네받은 그는 시간이 있을 때마다 성경을 읽었다. 학문의 차원에서 성경을 탐독했던 것이다.

평소 기회만 주어진다면 백령도에 교회를 세워야겠다는 의욕이 넘치던 허득 공은 성경을 통해 김성진과 자연스럽게 의중이 통하는 사이가 되었다. 두 사람은 성경을 가운데 놓고 서로의 성경 지식을 가지고 토론을 벌이고 공부도 했다. 교회 설립에 대한 의견도 주고받았다.[160]

김성진은 죄인 된 몸으로 공짜로 숙식을 대접받는 것이 미안했던지 중화동의 한학 서당에서 학생들을 가르치기도 했다.

---

159 1896년 6월에 15년의 유배형을 받은 우낙선(禹落選)이 배치되어 왔는데, 허득 공이 이때부터 직접 관리 책임을 맡았다. 유배자는 통상 한 곳에서 3년을 지내면서 유배지를 이동하는 것이 상례여서 우낙선은 1898년 백령도를 떠났다.
160 〈양천 허씨 백령문중 족보〉, p.7

선교의 해금과 교회 설립(設立) 추진

1898년 6월 조정에서는 미국 북장로회 선교사 소안륜(W. L. Swallen 蘇安論)에게 기독교 전도를 위한 여행과 종교 행위를 허락한다는 호조(護 照 : 여행증)를 발행해 주는 일이 발생했다.

이는 공식적으로 선교의 해금이 이루어졌다는 것을 의미하는 것이었다.[161] 마침내 기독교의 복음전파와 교회 설립 등의 종교 행위가 자유로워진 것이다.

허득과 김성진은 시간을 허비할 이유가 없었다. 되도록 빠른 시일 내에 동민의 의중을 묻고 합의를 이루는 순서를 밟기로 하였다.

7월과 8월의 성어기를 피해 9월의 어느 날 동네 주민이 한자리에 모였다. 예수 믿을 것을 권유하고, 동민의 합의를 받아내기 위해 모임을 가진 것이다.

허득 공이 주민을 상대로 설명을 시작했고, 진사 김성진은 중요한 고비마다 나서서 거들었다.

나라의 장래가 위태롭고 조정마저 힘이 없어서 백성을 제대로 이끌지 못하고 있는 한심스러운 판에, 허득 공의 힘 있는 설득은 동민들의 마음을 움직이고도 남았다.

동학란과 백령진 폐진 등을 겪으며 혼란스럽고 불안하기만 했던 동민들로서는 참으로 오랜만에 들어보는 시원스럽고, 가슴 후련한 연설이었다.

아직 예수가 누구인지는 모르지만, 그가 하나님의 아들이며, 누구나그를 믿고 따르면 영원한 삶이 보장되어 하늘 나라의 천국에 들어갈 수 있

---

161 〈한국기독교의 역사 1〉, 한국기독교역사연구소, p.242

다는 대목에 이르자 온 동민은 힘차게 박수를 치며 호응하였다.

이날 동민 회의에서 교회를 세우기로 합의가 이루어진 후 내친김에 중대한 사명(使命)을 띠고 갈 사자(使者)를 선정하자는 데까지 진전되었다.

전도인을 모셔오고 성경책 등을 구입해 오려면 세상 물정도 알고 대인 교섭을 제대로 해낼 수 있는 사람이 필요했다.

가만히 듣고 있던 허득 공은 자신이 직접 가겠다며,[162] 다음과 같이 이유를 설명하는 것이었다.

'나는 동학란 때 소래교회로 피난민이 모여드는 것과, 소래교회에는 아무도 침범하지 않은 것을 보고서 큰 감동을 받았습니다. 그때 내 마음속에는 큰 변화가 일어나서 백령도에 교회를 세워야 되겠다는 결심을 하게 되었습니다. 오랫동안 마음속에 품어온 나의 결심을 이루는 일이기도 하니, 내가 직접 가서 교섭을 하는 것이 마땅하리라 생각됩니다.'

이렇게 되어 허득 공이 칠십 노구에도 불구하고 직접 가는 것으로 결정되었다.

9월 하순으로 접어들 즈음, 장연군 사정에 밝은 허득 공은 한달음에 장연군 대구면에 있는 소래교회로 달려갔다. 그리고 교회를 이끌고 있는 당시 서경조 장로를 만났다.[163]

백령도의 큰 어른이신 허득 공이 높은 춘추에도 불구하고 직접 거동을 했기 때문에 서 장로는 송구하여 어찌할 바를 몰랐다. 백령도에도 교회를 세워야겠다는 허득 공의 부탁을 들은 서 장로는 일단 그 일을 돕겠다고 약속할 수밖에 없었다. 그러나 서 장로는 눈코 뜰 사이 없이 바쁜 사람이었다.

162 L. H. 언더우드, 신복룡, 최수근 역주, 〈상투의 나라〉, 집문당, 1999, p.280
163 서경조는 1898년 장로피택, 1900년 장로장립, 1907년 목사의 수순을 밟는다.

오랫동안 묶여 있었던 선교 활동이 6월 들어 풀리면서 여기저기서 교회 설립예배를 드려 달라는 요청이 들어오고 있었고, 선약된 지역도 밀려 있었다.

육지의 다른 곳을 늦게 가는 한이 있더라도 백령도만은 가겠다는 생각으로 선뜻 입도를 약속하긴 했지만, 불순한 날씨가 이어지면서 섬으로 쉽게 들어가지 못했다.[164]

그렇게 시간이 흘러가자 백령도에서는 다시 김달삼(金達三)이란 사람을 서 장로에게 보냈다. 그러자 소래교회의 서 장로로서도 더 미루고 있을 수만은 없었다.

중화동교회의 탄생

서 장로는 육지의 선약 지역들에 양해를 구한 다음 몇몇 집사들과 함께 백령도를 찾았다. 이때가 1898년 10월 6일 오전이었으며, 수행한 사람은 홍종옥 집사, 오 아무개 성도, 그리고 여자 전도인 김씨 부인 등이었다.

특별히 여전도사가 수행해 온 것은, 그때만 해도 남녀유별(男女有別)이 엄격했기 때문이었다.

가정을 방문하거나 들판에서 일하는 여인들에게 접근할 때는 여성이 그 일을 맡지 않을 수 없었던 것이다.

서 장로와 여전도사 일행은 주민들을 일일이 찾아 다니며 전도를 했고, 주민들과 함께 지내면서 설립예배의 준비를 진행시켰다.

당시 서경조 장로의 활동은 다음과 같이 기록되어 있다.

'얼마 후 중화동 주민을 방문하였을 때 서경조 장로는 마을 전체가 온

---

164 L. H. 언더우드, 신복룡, 최수근 역주, 〈상투의 나라〉, 집문당, 1999, p.280

통 귀신을 섬기는 일에 몰두해 있다는 것을 알았다.

중화동교회

서 장로는 섬 주민들에게 아주 열심히, 성실하게 성경을 설명했으며, 주민들은 그들의 우상숭배를 즉시 그만두고 하나가 되어 오직 한 분이신 참 하나님을 위해 봉사하기로 약속했다.'

1898년 10월 9일, 드디어 주민들의 자발적인 참여로 한학서당(漢學書堂)에서 역사적인 중화동교회 창립예배를 드릴 수 있었다. 이것이 백령도 교회 역사의 시작이었다.[165]

1816년, 맥스웰 대령이 복음을 떨어뜨린 지 80여 년만이요. 1832년 귀츨라프 선교사가 중화동 땅을 밟은 지 60여 년이 지난 후이며, 1866년 토마스 선교사가 중화동을 다녀간 지 30여 년 후에 이루어진 하나님의 역사였다.

신령한 의미에서 백령도의 모든 교회는 중화동교회로부터 생명수를 나누어 마시게 되었다고 할 수 있다. 따라서 중화동교회는 백령도의 모교회(母敎會)인 셈이다.

설립예배를 드린 후에도 서경조 장로 일행은 매일 교인들을 모아 놓고 집회를 열었다.

낮에는 전도 강연을 하고, 밤에는 성경을 가르치며 20일간 예배 인도를 강행했다. 이렇게 얼마간 묵으며 밤과 낮으로 신앙 훈련을 쌓은 것은 기도, 설교, 찬송 등 예배에 관한 그 어느 것도 접해 본 일이 없는 교인들에게 최소한 이 정도의 신앙 훈련이 요구된다고 판단했기 때문으로 보인다.

---

165 예배당은 이듬해 건립되었다.

백령도

2

중화동에 예시된 섭리

중화동(中和洞). 이 지명에서도 우리는 신앙의 열매가 맺힌다는 예시(豫示)를 발견한다.

우선 중(中)은 가운데, 안, 어느 쪽으로나 치우침이 없이 온당함, 과하거나 부족함이 없음, 지나치거나 모자람이 없이 알맞음, 치우침이 없는 올바른 덕(德)의 상태 등의 의미를 나타낸다.[166]

여기서 덕은 '사람이 마땅히 지켜야 할 도리이며, 그것을 자각하여 실천하는 행위의 모든 것'을 말한다. 그렇다면 중(中)은 성경이 신앙의 자세로 그토록 강조하고 있는 '좌로나 우로나 치우치지 않는 믿음이요 신앙'인 것이다.[167]

화(和)는 옛날엔 '口禾'로도 사용했던, 화(禾) + 구(口)의 합성이다. 禾는 나무 줄기에 이삭이 드리워진 모양을 본뜬 상형문자로, 가장 좋은 곡물인 벼, 곡식 등의 열매를 의미한다.[168] 口는 어귀 관문, 먹는 입〈食〉, 말

---

166 〈漢韓辭典〉, 금성출판사, p.35
167 ① 여호수아 1장 7절 : 좌로나 우로나 치우치지 말라, 그리하면 어디로 가든지 형통하리니.
　　② 잠언 4장 27절 : 우편으로나 좌편으로나 치우치지 말고 네 말을 악에서 떠나게 하라.
168 〈漢韓辭典〉, p.454 禾部

하는 입〈言〉 등을 의미한다.[169] 이를 종합하면 화(和)는 '말씀의 열매'가 되는 것이다.

말씀의 열매는 '신앙과 믿음의 모든 실천 행위'를 말하는 것으로, 그 행위의 주·객체(主客)는 성도나 교회가 될 것이다.

결국 중화는 '좌로나 우로나 치우치지 않는 믿음으로, 말씀의 열매를 맺는다.'는 뜻이 된다.

참으로 오묘한 섭리가 아닐 수 없다. 중화의 지명 속에 믿음과 말씀의 열매란 뜻이 숨겨져 있을 줄이야. 중화동의 지명 자체가 신앙과 떼어놓고는 생각할 수 없는 귀한 이름인 것을 기쁨으로 인식하면서, 반석같은 주추를 예비하게 하시고 모교회를 세워주시는 하나님의 섭리를 새삼 발견하게 되는 것이다.

---

169 〈漢韓辭典〉, p.260 口部

김씨 부인

중화동에 설립된 교회는 문제없이 순탄하게 운영되었다.

그런데 교회가 세워진 그해, 1898년 10월 24일로 예정된 당산제(堂山祭)가 준비되는 과정에서 교회로 인한 첫 번째 갈등이 발생했다.

당산제는 음력 정초와 9월 9일에 마을을 지켜주는 조상신(祖上神), 땅을 맡아 다스리는 지신(地神), 바다를 다스리는 해신(海神) 등의 수호신(守護神)에게 지내는 제사(祭祀)였다. 특별히 술을 담그고 제사에 쓰일 고기로 따로 기른 송아지를 잡는 등 그 준비 단계부터 마을 전체가 요란했다.

당산제의 모든 준비가 끝이 날 즈음 제사를 앞두고 갑자기 마을이 시끄러워졌다.

교회와 마을 주민들 사이에 당산제 문제를 두고 이견이 생긴 것이다.

당산제를 둘러싼 주민과의 갈등

당산제를 하루 앞둔 10월 23일(음력 9월 8일), 중화동교회 설립 이후 세 번째 맞이하는 주일 대예배를 드린 다음 사람들은 마을 회의를 열었다.

이때 서경조 장로가 앞에 나서서 주민의 이해와 협조를 구했다.

'하나님은 계명(誠命)에까지 넣어서 우상숭배를 금하도록 하셨습니다. 우리가 예수를 믿기로 하고 교회를 세운 이상 우리가 받드는 하나님 외에는 다 우상입니다. 당산이다, 지신이다, 해신이다 찾는 것을 중단하고, 모든 것을 하나님께 의지하고 맡기면 됩니다. 농사를 잘 짓는 것도, 바다에서 고기를 많이 잡는 것도 이제 하나님께 기도하는 겁니다.

하나님을 믿고 섬기기로 하신 중화동 주민 여러분. 금년부터 당산제를 깨끗이 폐지하기로 하십시다.

그렇다고 당산제를 쓰려던 술은 먹는 음식이니 버릴 수는 없겠습니다. 우리 모두가 마지막 술이라 생각하고 마시는 걸로 합시다. 그동안 기르고 있던 송아지는 제가 사서 기르도록 하겠습니다.'

서경조 장로는 열심히 설득했고, 마을 주민들은 귀신 섬기는 일을 그만두고 오직 한 분이신 참 하나님을 위해 봉사하기로 약속했다.[170] 오랜 전통이 있던 당산제 문제는 일단 이렇게 해결을 보았다.

당산제 다음날(10월 25일) 서경조 장로 일행은 중화동 체류 20여 일 만에 소래로 돌아가고, 중화동교회는 이제 허득 공이 이끌게 되었다.

주민에게 외면당한 중화동교회

당산제를 무산시킨 후 한 달쯤 지난 11월 말 어느 날 옷감을 짜는데 필요한 솜(목화)을 구하기 위해 배에 해산물을 잔뜩 싣고 주민 5명이 중화동을 떠났다.

그들은 황해도 송화군(松禾郡) 풍해면(豊海面)에 있는 진강포(津江浦) 등지에서 물물교환으로 목화를 구한 후 뱃머리를 돌렸는데, 그때까지도

---

170 L. H. 언더우드, 신복룡, 최수근 역주, 〈상투의 나라〉, 집문당, 1999, p.280

기상 상태는 좋았다. 당시의 배는 바람을 이용해서 움직이는 작은 범선으로, 돛을 높이 올려 이리저리 바람의 방향을 조종해야만 순탄하게 달릴 수가 있었다.

그런데 배가 몽금포 해안 가까이 왔을 때 갑자기 거센 바람과 파도가 일기 시작했다. 그들은 필사적으로 대응해 보았지만, 예기치 못한 풍파는 배를 순식간에 파손시켰고, 타고 있던 사람들은 모두 목화와 함께 바다속으로 내던져지고 말았다.

몽금포 해안에서 그들의 시체가 발견된 것은 여러 날이 흐른 뒤였다. 이 소식은 즉시 백령도로 전해졌고, 참변을 알게된 중화동에서는 다시 일대 소란이 벌어졌다.

'아무래도 배를 부리는 사람은 해신(海神)을 받들어 섬겨야 하는 것인데, 교회가 세워지는 바람에 서낭제(城隍祭)를 드리지 않은 것이 원인이었어.'

동네 사람들은 이구동성으로 교회를 원망하며 책임을 교회에 떠넘기려 했다. 사람들이 교회를 멀리하게 되자, 설립한 지 한 달여를 넘기고 있는 교회는 위기를 맞을 수밖에 없었다.

그러나 허득 공을 비롯한 집안 사람들과 김성진 등은 굳게 뭉쳐서 교회를 섬기며 끈질기게 버티어 냈다. 특히 이때 사곶에서 왕래하던 성도들이 열성적으로 예배에 참석하여 외로운 처지에 놓인 중화동교회에 큰 힘이 되어 주었다.

김씨 부인의 공헌

교회가 이처럼 어려운 시련을 견디고 있을 때 소래교회의 여전도사한 사람이 홀연히 중화동에 나타났다. 그는 바로 김씨 부인이었다. 김씨 부인은 중화동교회 설립예배 때 서경조 장로를 따라와 많은 여성을 교회로 인도한 숨은 공로자이기도 했다.

김씨 부인은 자신이 인도한 백령도의 여성 교인들 소식이 늘 궁금했다. 혹시나 교회를 그만두지나 않았는지 자꾸 마음이 쓰였다. 처음엔 열심을 내서 교회에 나오던 교인들도 믿음이 약한 탓에 얼마못가 그만두는 사례가 빈번하였기에 김씨 부인은 마침 백령도에 들리는 어선이 있자 무조건 배에 올랐던 것이다.[171]

그런데 이게 어찌된 일이란 말인가. 염려했던 대로 주민들은 대부분 교회를 멀리하고 서낭을 섬기던 시절로 돌아가 있었던 것이다. 불가항력의 변고로 인명이 희생된 것은 안타까운 일이지만 그 일로 이렇게 철저하게 교회에 등을 돌린 것은 너무나 실망스러운 것이었다.

김씨 부인은 주민들의 마음을 돌려보기 위해 팔을 걷어 부치고 나섰다. 가가호호 가정을 방문하고 들판에서도 여자들이 보이면 쫓아가 만났다. 간절하게 설득도 하고 때로는 눈물로 매달렸다. 김씨 부인의 이러한 노력은 시간이 지나면서 주민들의 마음속에 변화를 일으키기 시작했다. 처음엔 막무가내로 냉대하던 사람들이 차츰 발길을 교회로 돌렸다.

다음의 기록은 이때 김씨 부인의 활약을 여실히 보여준다.

'성실한 자원 전도사인 김씨 부인이 중화동을 방문했을 때 김씨 부인은 중화동교회 신자 중 많은 사람이 오랜 관습인 미신으로 되돌아 거기에 빠져 있는 것을 알게 되었다. 처음에는 어느 누구도 김씨 부인을 집안에

---

171 L. H. 언더우드, 신복룡, 최수금 역주, 〈상투의 나라〉, 집문당, 1999, p.280
　　교회 창립 몇 달 후 성실한 자원 전도사인 김씨 부인이 중화동을 방문했
　　을 때의 일이었다.

맞아들이려 하지 않았다. 그러나 김씨 부인은 집 밖에 나와 있는 아낙네들을 다정하면서도 열성적으로 설득했다. 그러자 마침내 그들은 김씨 부인을 안으로 불러들였으며 이야기를 듣고자 주위에 몰려들었다. 김씨 부인의 가르침을 통해 획기적인 변화가 이루어졌다.[172]

세워진 지 얼마 지나지 않아 중화동교회가 큰 시험에 빠져들었던 것은 익히 알려져 있으나, 그 시련이 김씨 부인의 헌신적인 도움으로 극복될 수 있었다는 것은 지금까지 거의 알려지지 않았던 사실이다.

장연군지(長淵郡誌)에 따르면 김씨 부인은, 1877년 만주의 봉천에서 이응찬, 김진기, 백홍준 등과 함께 영국 선교사 로스 목사를 도와 성경 번역에 참가했고, 후에 매서인(賣屠人)이 되어 의주 지방에서 전도 활동을 했던 이성하(李成夏)의 부인이라고 기록되어 있다. 1887년 12월에 언더우드 목사로부터 세례를 받기도 한 한국 최초의 여신자라고 기록되어 있지만, 얼마나 정확한지는 알 수 없다.

아무튼 여 전도사의 힘으로 시련은 극복되었고, 백령도에 기독교의 문을 연 역사적인 한 해는 이렇게 지나갔다.

백령도에 교회가 건립(建立)되다

시련을 겪은 후 중화동교회는 날로 활기를 되찾았다. 주민의 관심이 호의적으로 되어 가는 분위기에서 지도자 허득 공은 시급히 교회를 지어야겠다고 생각했다. 우선은 한학서당 건물을 사용하고 있었기 때문에 예배 자체가 진행되는 데는 무리가 없었지만, 예배를 위한 전용 건물도 아니면서 그것을 교회당이라고 부를 수는 없었다. 그래서 허득 공의 머릿속

---

172 L. H. 언더우드, 신복룡, 최수금 역주, 〈상투의 나라〉, 집문당, 1999, p.281

은 온통 교회 짓는 일로 꽉 들어찼다.

선교사들에게 교회당으로 인정도 받고, 선교사를 모셔다가 교인들에게 세례를 받게 하고 싶은 것이 연로한 허득 공의 집념 어린 소망이었다. 이때 허득 공의 춘추 72세로 마음이 조급할 수밖에 없었다. 살아생전에 교회당을 지어놓지 못하면 어떻게 하나 하는 조바심은 날이 갈수록 교회 건축 사업을 서둘게 만들었다.

허득 공은 이 문제를 소래교회의 서경조 장로와 의논하였다.

의논하는 중에 마침 소래교회를 짓고 남은 건축 자재가 보관되어있다는 것을 알게 되었다. 소래교회에서는 자재들을 기꺼이 지원해 주기로 약속했다. 소래에 있는 건축자재는 봄을 넘기지 않고 선편을 이용해 중화동 포구로 옮겨졌다. 그리고 늦은 여름, 교회당 건축의 역사가 시작되었다. 막상 일을 벌려 놓으니 교인은 물론 그동안 외면했던 주민들까지 나섰고, 온 동네가 협조하여 아름다운 예배당이 세워졌다. 초가 6칸(12평)의 집으로, 당시의 교세(敎勢)로 보자면 훌륭한 교회당이었다. 내부 구조는 역시 남녀가 유별했던 터라 흙벽을 쌓아 남녀의 자리를 구분하였다.

중화동교회는 9월 말에 완성되었다. 1899년 10월 1일 주일에는 교회 설립은 물론 예배당 건축을 위해 물심양면으로 지원을 아끼지 않은 서경조 장로를 모시고 성대한 입당 예배를 하나님께 드렸다.

예배당 건축과 함께 분위기마저 일신된 듯, 거의 모든 주민이 교회로 다시 돌아왔다. 이는 백령도 전체로 확산되어 이곳저곳에서 새로운 신자들이 모여들었다. 이제 중화동은 명실공히 백령 주민 전체의 신앙 중심지가 되었다. 중화동교회는 백령 전 주민의 사랑과 성원 속에 날로 번성하였다. 주일 예배에 참석하기 위해서 백령의 각 동네에서는 도시락까지 준비해서 아침 일찍 집을 나섰다. 거리의 원근(遠近)을 가리지 않고 삼삼오오 무리를 지어 중화동으로 모여들었고, 저녁 예배까지 마치고 돌아갈 만큼 신앙의 열기는 충천했다.

언더우드 선교사의 백령도 방문

　이제 중화동교회는 미국 북장로회 선교사들이 관할하는 황해도 지역
의 당당한 교회가 되었다.

　이때 황해도 지역을 지휘 감독하던 선교사는 언더우드(Horace Grant
Underwood 元杜尤) 목사였다. 그는 선교사의 선임자로서 새문안교회의
당회장을 맡았을 뿐만 아니라 자신이 관할하고 있는 경기, 충청, 황해도
지역을 순회해야 하는 책임까지 지고 있었다.

　1900년 9월 26일경 언더우드 목사는 교회를 살피는 일 외에도 성경
과 찬송가 번역, 대한성교서회(大韓聖教書會), 황성기독교 청년사업 등으
로 거의 시간을 낼 수 없었는데도 평안도와 황해도의 교회들을 돌아보려
고 평양으로 출발하였다.

　진남포, 은율, 풍천을 거쳐 언더우드가 소래에 도착했을 때는 그로부
터 6주가 지나 있었다.

중화동교회에서 세례식을 베풀다

　11월 8일 목요일, 언더우드 목사 내외는 여 전도사 김씨 부인의 안내
를 받으며 중화동교회를 방문하였다.[173] 백령도 도착 시간은 오전인 듯했
다. 언더우드 일행은 시간이 촉박한 관계로 교회를 방문하고 세례받기를

원하는 성도들의 문답을 진행시켰
다. 오후엔 언더우드 목사 집전으
로 성례식을 베풀고 학습과 세례
문답을 통과한 7명에게 세례를 주
었다.

　이들이 백령 최초의 세례교인
들로, 이날 세례받은 자는 허득(許
得), 허간, 허근, 허권, 허륜(許綸),
최영우(崔永佑), 김흥보(金興甫) 등
이었다.

　육지의 교회에서도 한꺼번에
그토록 많은 세례교인을 낸 일이

한복 입은 언더우드 선교사 가족

없음을 감안한다면 이것은 교인들의 열심을 본 언더우드 목사의 중화동교
회에 대한 깊은 관심을 상징하는 것으로 여겨진다. 또한 절대적으로 수가
부족한 교역자를 당장 중화동으로 파견할 처지가 아니었으므로 교회를 이
끌어 갈 일꾼을 직접 뽑아 주려 했던 것으로도 풀이된다.

　성례식이 끝난 다음 언더우드 목사는 만장한 성도들의 의견을 들어
교회 일을 맡을 임시 직분자를 선정하였다.

　그 결과 최영우, 허륜, 허간 등 세 사람이 뽑혔는데, 이들이 아직 임
시직이라는 점을 감안하여 교회 직제에는 없는 유사(有司)라는 직명으로
불렸다.

173 L. H. 언더우드, 신복룡, 최수금 역주, 〈상투의 나라〉, 집문당, 1999,
　　p.280~293

언더우드 부인의 활동

교회 안에서 교회의 운영에 대해 심각한 회의가 벌어지고 있는 사이에 언더우드 부인과 여 전도사 김씨 부인은 여인들을 따로 모아 놓고 말씀과 찬송을 가르쳤다.

저녁이 되자 언더우드 목사의 인도로 작별 예배가 있었다. 서로 손을 잡고 작별 인사를 나눈 후에도 남자들은 허득 공의 집에서 언더우드 목사를 모시고 계속 교회 이야기를 나누었다. 이 자리에서 언더우드 목사는 칠순의 노구에도 불구하고 교회를 이끌고 있는 허득 공의 손을 잡고 노고를 위로하고, 조속한 시일 내에 조사를 보내주겠다는 약속도 하였다.

김씨 부인의 권유로 언더우드 부인은 여성들이 모여있는 어느 가정을 방문해서 마지막 가르침을 주었는데, 이날 밤의 일을 언더우드 부인은 다음과 같이 기록하고 있다.[174]

'우리는 언덕 위에 세워진 작은 교회〈중화동교회〉를 방문했다. 그곳에는 몇 명의 신도들이 세례를 위한 시험과 세례식을 기다리고 있었다. 그들은 … 가르침을 받기를 무척 열망하고 있었다. 김씨 부인과 나는 그 연인들을 가르치느라고 매우 바쁘게 지냈다. 조선의 여느 여인들과 마찬가지로 그들은 특히 찬송가를 즐겨 불렀으며, 찬송가를 무척 배우고 싶어했다. 가사는 비교적 쉽게 배웠지만, 곡조는 그렇지 않은 것 같았다.

… 중략 …

밤 열 시쯤에 김씨 부인이 한 여인을 데리고 내 방으로 와서, 늦은 시

---

174 L. H. 언더우드, 신복룡, 최수금 역주, 〈상투의 나라〉, 집문당, 1999, p.281~282

간이긴 하지만 한 가정을 방문해서 마지막으로 조금 더 가르쳐 주지 않겠 냐고 내게 간곡히 말했다. … 중략 … 나는 흔쾌히 그들을 따라갔으며 그 들은 나를 한 농부의 초가집으로 안내했다. … 중략 … 가난한 집이었는 데, 방 한쪽 구석에는 일꾼이 누워 잠들어 있었고, 다른 한쪽에는 방에서 유일한 빛인 등잔이 받침 접시 안에서 희미하게 타고 있었다. 우리가 등 잔 밑에 앉자 가난하고 고된 일을 하는 여인들이 우리 둘레에 다가와 앉았 다. 그들의 얼굴과 손은 걱정과 고통, 험난한 생활과 기쁨 없는 삶을 그대 로 나타내고 있었다.

그러나 그들은 자신들에게 변화를 가져다주는 영광에 넘치는 기대로 기뻐했으며, 이러한 믿음은 많은 조선의 여인들에게 베어있는 딱딱하고 완고한 모습을 벗겨주었다. 우리가 주님의 가르침을 이야기하고 찬송가를 부르고 있을 때 문밖에서 기침 소리가 들렸다.

여러 명의 남자 형제들이 얼어붙을 듯한 11월의 추위 속에서 우리의 이야기를 듣고 있었던 것이었다. 일반적인 조선의 관습에도 불구하고 어 느 여인이 그들에게 안으로 들어오라고 했다. 나도 물론 남자들을 가르쳐 보지 않았고, 가능한 한 남자들 눈에 띄지 않으려고 노력해 왔지만, 달리 방법이 없었다. 그들은 들어와서 합류하였다. 진지하게 귀를 기울이고 있 는 검은 얼굴들, 신성한 진리를 더 많이 알고자 하는 열망에 목마른 그 사 람들의 모습은 내가 결코 잊을 수 없는 광경 가운데 하나였다.

작고 어둡고 초라한 방 전체를 비추며 가냘프게 타오르는 단 하나의 등잔불, 그 등잔불처럼 보잘것없고, 연약한 것이 나였으며 나에게는 그 모든 것이 신의 빛으로 보였다. … 중략 …

다음 날 첫새벽에 그들이 또 찾아왔다. 그들은 눈물을 흘리며 나에게 곧 다시 와줄 것을 간청했다.'

언더우드 선교사 일행은 1박 2일간의 짧은 중화동 방문을 마치고 11

월 9일 새벽에 소래로 돌아갔다. 이것이 언더우드 선교사 내외의 중화동에서 처음이자 마지막 모습이었다.

조사 한연일의 부임

이듬해인 1901년 10월에 언더우드 선교사의 약속대로 백령도 최초의 조사(助師) 한연일(韓延一) 전도인(傳道人)이 부임해 왔다.

조사는 목회 조력자란 뜻으로 그 역할은 전도사의 범위를 넘지는 못했다.

1903년 1월에 개교한 예수교장로회 평양신학교가 1907년 1기생을 배출한 것으로 보아, 한연일 전도인은 신학교 이전에 각 지역 선교부별로 실시한 성경반 과정을 통해 양성된 교역자인 듯하다.

어쨌든 중화동교회도 이젠 교회 구성 요건을 모두 갖춘 손색 없는 지역 교회가 되었다.

허득 공의 서거(逝去)

교회 설립 과정에서부터 예배를 직접 인도하면서 3년 가까이 교회를 이끌어 온 설립자 허득 공은 이제야 전도인 한연일 조사에게 모든 것을 맡기고 홀가분하게 뒤로 물러 앉았다.

그러나 긴장이 풀린 탓일까? 한가로워진 후에 허득 공은 눈에 띄게 건강이 나빠지고 있었다. 고희(古稀)를 넘긴지도 5년이나 지났으니 사실 허득 공의 노후 건강은 각별히 좋은 편이라고도 할수 있었지만, 해가 바뀌어 1902년이 되자 건강은 급속히 악화되었다.

허득 공은 그런 와중에도 주일만 되면 변함없이 예배에 참석하여 믿음의 본을 보였다.

무더운 6월이 되자 이제 공(公)은 일어날 수 없을 것만 같았다. 6월 3일, 자손들과 교인들은 급한 연락을 받고 허득 공의 곁으로 모였다.

거친 숨을 몰아쉬다가 허득 공은 떨어지지 않는 입을 겨우 열어 유언을 하였다. '예수 잘 믿으라.'는 말이었다.

'예수를 잘 믿으라'[175]

허득 공은 마침내 천수(天壽)를 다하고 그토록 소망하던 하늘 나라로 떠났다. 향년 75세였다.

허득 공은 1828년(조선 23대 순조 28년) 5월 3일 중화동에서 아버지 허금철 공(許今哲 公)과 어머니 전주 이씨 부인의 장남으로 태어났다. 공의 가문은 원래 경기도 김포에 속한 양천현(陽川縣 : 지금의 서울 양천구)에서 살던 사대부 집안이었다. 1786년(조선 22대 정조 10년)에 공의 증조부 되는 허종 공(許鐘 公)이 백령진 첨사(僉使)의 책실(冊室)이 되어 따라 들어온 것이 백령도에서 살게 된 연유였다.[176]

허득 공은 어려서부터 두뇌가 명석했고 대인 접촉이 원만했다.

가문의 족보에 공의 인격이 추월(楚越)했다고 기록되어 있을 만큼 뛰어났다. 유년시절 중화동의 성당에서 공부한 글재주를 가지고도 내로라하는 선비들과 시세(時勢)를 논함에 부족함이 없었으며, 급기야는 그 글재주로 당상관(堂上官)의 관직에까지 올라 4대째 내려오는 가세(家勢)를 크게 일으켜 세웠다. 말년에는 국왕으로부터 통정대부, 동지중추부사의 관직을 받기도 했다.

허득 공은 진보적 개화 정치인이었다. 기울어 가는 나라를 다시 일으켜 세우기 위해서는 기독교를 받아들이고, 기독교의 바탕 위에서 개혁이 이루어져야 한다는 것이 그의 지론이었다. 그 지론에 따라 공은 세상 무엇보다 소중한 기독교 신앙을 백령도에 심었다. 교회를 세운 후 목화를

---

175 〈양천 허씨 백령문중 족보〉, 허득편 p.7
176 책실이란 조선왕조때 원(員)의 비서를 말하는데 책방(冊房)이라고도 했다.

구입하러 간 범선이 파선되고 사람까지 익사하는 치명적인 시험이 닥쳐왔을 때에 공은 의연하게 자신의 가문만으로 교회를 지켰으며, 결국에는 공의 신실한 믿음과 원만한 대인관계로 주민들을 다시 교회로 돌아오게 하는 데 공헌하였다.

침체에 빠진 백령도를 다시 일으켜 세우고, 기독교 신앙을 통해 주민들의 의식 수준을 변화시켰다. 허득 공의 서거로 주민들은 사곶의 김산철 공과 함께 백령도를 떠받치고 있던 두 개의 기둥 가운데 하나를 잃게 되었다.

백령도 주민들은 늦게나마 공의 아호(雅號)를 영기(翎起)라 하고 이를 전체 주민의 이름으로 공에게 올렸다. 영기는 백령도를 일으켜 소생시켰다는 의미였다.

허득 공은 부인 김해 김씨와의 사이에 4남 2녀를 두었으며 허간(許侃) 목사와 허응숙(許應淑) 목사는 공의 친손자다. 또한 독립운동가로 건국훈장 국민장을 추서(追敍) 받은 허성묵(許聖默)도 공의 친손자이다. 공의 묘지는 중화동에 있다.

Chapter

06

에필로그 – 백령도와 기독교

초기 기독교 복음화 과정에서 백령도는 다윗의 아둘람 굴 같은 역할을 하였다. 1816년 클리포드와 바실 홀이 조선에 처음 도착하여 복음의 씨앗을 뿌린 곳은 백령도였으며, 그것은 앞으로 전개될 개신교 선교 역사의 서막을 여는 것이었다. 1832년 귀츨라프 선교사가 해무에 휩싸인 채 당도한 곳 또한 백령도였고, 이번에도 백령도에 복음의 씨앗이 뿌려졌다. 1865년 1차 선교 여행 때와 1866년 2차 선교 여행 때에 토마스의 복음 일정은 백령도에서 시작되었다.

토마스에게 백령도는 안전지대였고 선교 활동의 근거지였다. 1898년에는 중화동에 모교회를 설립함으로써 예시된 바의 역사를 이루었다.

백령도
1

한국 기독교사의 관문 백령도

한국 기독교사의 서막은 '백령도'이다. 1816년 서해안 일대의 해로 작성과 탐사를 위해 파송된 클리포드와 바실 홀이 백령도에 상륙하여 한문 성경을 나누어 주고 간 것은 개신교 최초의 성경 반입이었으며, 신앙교류의 획기적인 단초였다.

그 후 1832년에 조선을 찾았던 귀츨라프는 한국을 방문한 최초의 개신교 선교사였다.[177] 그는 이때 훗날 백령도의 모교회가 세워지는 중화동에 상륙하였으며, 성경을 전하고 전도하였다. 이어 군산만 창선도에 기착하여 감사의 기도와 아울러 복음의 씨를 뿌렸다. 귀츨라프 일행이 백령도, 대청도와 소청도, 그리고 충남 고대도와 금강 입구에 머물며 반포한 '복음의 절규', '예수의 수훈' 등은 모리슨(R.Morison)이 준 한문 성경이었

---

177 ① 백낙준 〈The History of Protestant Missions in Korea 1832~1910〉, Pyong yang : Union Chrisian College Press, 1919, p38
② 지원용 〈A history of Lutheranism in Korea〉, St Louise : Conoordia Seminary, 1988, p66~76
③ 지원용 '최초의 한반도를 찾은 선교사 귀츨라프' 〈신학과 신앙〉 제2호, 서울루터교신학교, 1987, p83~91
④ Herman Schlyter 〈Der China Missionar Karl Gulzlaff and Seine Heimatbasis〉, Gedrukt, Sweden : Ljungbergs Boktrycheri AB Klippan, 1976, p7

다. 당시의 성경이 백령도에 보존되지 못한 채 구문으로만 전해지고 있는 것은 참으로 애석하고 아쉬운 일이다. 백령도 중화동에 최초로 교회가 설립된 것이 1898년이므로 당시로서는 성경 보존의 효용 가치가 없었던 데다 국법에도 위배되어 보존되지 못한 것으로 추정된다.

귀츨라프의 방문은 알렌, 언더우드, 아펜젤러 등 한국 최초의 개신교 선교사들이 이 땅에 발을 들이기 50여 년 전의 일이었다. 귀츨라프가 복음을 전하기보다는 영국 국적 상선의 일원으로 방문을 했으며, 선교 사역을 조선에서 계속하지 않았다는 점 등을 들어 반론을 펴는 입장도 있다. 그러나 귀츨라프의 뒤를 이어 조선을 찾은 자이면서 한국 최초의 개신교 순교자였던 토마스의 사역에 직·간접으로 영향을 미친 귀츨라프는 분명히 중국 선교의 아버지일 뿐 아니라 한국 선교의 선구자였음을 우리 한국 교회가 잊어서는 안 될 것이다.

백령도에 예시되었던 바, 하나님의 역사가 서막을 연 이후 82년 만인 1898년 건립되고, 1900년에는 언더우드 선교사가 초대 당회장으로 입도하여 첫 세례를 베풀었다. 그리고 1903년 교역자가 정식으로 부임함으로써 완전한 교회의 모습을 갖추게 되었다.

기독교가 전래 첫 번째의 섬

백령도는 서해의 고도(孤島)이다. 북한의 황해도 옹진반도 끝자락에 자리하고 있는 이 섬은 지리적으로 지적인 옹진을 마다하고 인천에 속하게 되었다. 해방과 함께 38도선이 그어질 때에도, 6.25사변이 끝나고 휴전이 되면서도 남한의 땅이기를 포기하지 않았다. 휴전과 함께 경기도 부천군에 속했다가 행정개편으로 옹진군으로 독립했고, 다시 인천에 속하게 되면서 섭섭한 마음은 이어지고 있다. 본시 황해도 장연군에 속한 섬이건만 동토의 땅은 갈 수 없게 되고 말았으니 언제 찾아도 한이 서리는 느낌은 어쩔 수 없는 것일까?

중국의 상둥반도 끝에서 동쪽으로 200km에 위치한 백령도는 인천에서 약 220km이니 중국이 더 가깝다고 할 수 있을지. 뱃길로 5백 리가 넘는 길을 다행히 4시간여 만에 갈 수 있는 곳이 되었다. 1970년대까지만 해도 15시간은 기본이었고, 최소한 20시간씩 걸려야 갈 수 있는 곳이었으니 멀기만 한 곳이었다. 배의 성능도 좋지 않았고, 당시의 남북관계는 매우 긴장상태여서 여객선이 독자적으로 운행할 수 없었기 때문이다. 언제나 해군 함정의 에스코트가 있어야 항해를 할 수 있었기 때문에 오가는 길이 더 멀었던 곳이다.

개인적으로도 무척이나 가고 싶었던 곳이지만 필자가 이 섬을 찾아가는 것은 먼만큼이나 오랜 시간이 걸렸다. 처음으로 백령도를 알고 관심을

백령도의 기독교 교회들

가지게 된 것은 1972년이니 꽤 오랜 세월이 흘렀다. 그리도 오랜 세월을 기다려서 백령도 지역의 교회 역사를 찾아나서는 마음은 설렘이라는 말로는 부족하기만 하다.

필자가 백령도를 찾고 싶었던 이유는 여러 가지 있지만 그 가운데서도 가장 큰 이유는 우리나라 프로테스탄트 기독교가 전래되는 첫 번째의 섬이고, 1884년 알렌이 의료 선교사로 입국하기 전, 당시 조선을 선교하기 위해서 노력했던 중국주재의 여러 선교사들이 제일 처음 조선에 발을 디뎠던 곳이 바로 이곳이었기 때문이다. 그들이 남긴 현존하는 유형의 유물들이나 신앙 공동체는 없지만, 분명 그들의 발걸음이 지난 곳이고, 결코 의도할 수 없는 것이었지만 보이지 않는 분의 섭리가 이곳을 복음화 시키기를 예비하셨기에 훗날 백령도는 이 나라 어느 곳보다도 복음화율이 높은 곳이 되었다. 그것이 우연이라고 하기에는 이곳을 다녀간 복음의 전령사들의 발걸음이 너무나 분명하다. 하여 꼭 찾아보고 싶었던 곳이다.

우리나라 프로테스탄트교회의 역사에 있어서 어떤 의미에서든 복음을 전하기 위한 동기를 가지고 백령도를 찾았던 이들은 토마스(Robert Jermain Thomas)와 귀츨라프(Karl F. A. Gutzlaff)를 들 수 있을 것이다. 그밖에 이런저런 이유로 찾았던 양인들이 있지만 복음을 전하는 것과는 별개의 정치적 상업적인 목적으로 왔던 경우가 대부분이다. 토마스는 우리나라 최초의 순교자가 되었다. 그가 백령도에 처음으로 발을 들여놓은 것은 1865년이다. 그리고 그보다 앞서 칼 귀츨라프는 1832년에 백령도에 입도했다는 기록들을 볼 수 있다. 그들은 한문성경을 전달함으로써 이 땅에 처음으로 복음을 전해준 이들이다. 비록 신앙이 형성되거나 신앙 공동체가 계승된 것은 아니지만, 그들이 이곳에 와서 복음을 전한 것은 사실이며, 그 열매가 맺혀지는 것은 많은 시간이 흐른 다음이었다. 그럼에도 분명한 것은 이 땅은 이미 그들이 남겨준 말씀에 의해서 복음화를 이룰 수 있는 터전을 준비할 수 있었던 것이다. 물론 아무도 의식하지 못한 가운데 세월이 흘러 때가 됨에 이곳에 복음의 씨앗이 움을 틔울 수 있게 되었다. 이것은 전적으로 하나님의 섭리라고 할 수밖에는 달리 표현할 길이 없다.

그리고 이 땅에 복음이 전해진 후에 일어난 반전은 누구도 막을 수 없는 엄청난 것이었다. 아무도 예상할 수 없었고, 계획한 바가 없지만 이 땅은 복음으로 채워지는 것을 당연하게 수용했다. 그 결과로 현재 섬 주민의 적게는 65% 많게는 80%가 기독교인이라는 이야기다. 뿐만 아니라 이 섬에는 제사를 지내는 집이 없고, 다른 섬의 경우 없어서는 안 될 풍어제와 같은 굿이나 대동제 같은 당제의식도 이곳에는 없다는 것이 특징이다. 물론 이렇게 되기까지는 이곳의 그리스도인들의 많은 수고와 신실한 신앙과 성경적인 삶의 열매가 있었기 때문이라고 할 것이다. 그리고 보이지 않게 간섭과 섭리의 손길을 쉬지 않으신 성령님의 일하심이 있음은 믿음으로 고백해야 하는 당연한 일이다.

그러나 이곳도 위기가 없었던 것은 아니다. 일제 말기에 강제로 교회를 통폐합하는 과정에서 일제가 집회를 허락하지 않아서 잠시 몇 교회들의 집회가 불가능했었다. 하지만 1937년부터 시작한 백령성경학교는 백령도를 비롯해서 대청도, 소청도의 사람들에게 복음으로 사는 삶의 확신을 가지게 하였다는 것은 의심의 여지가 없다. 이 성경학교는 겨울철에 2개월씩이나 계속되는 그야말로 계절학기식 성경학교였다. 3개 섬의 젊은이들이 300여 명씩 모여서 함께 먹고 자면서 하나님의 말씀을 공부했었다고 한다. 지금도 그 전통은 이어지고 있는데, 과거처럼 길게는 못해도 2주간 과정으로 공부를 한다고 한다. 그 결과 이 섬에서 배출된 목회자와 장로가 유난히 많다는 이유를 이 성경학교에서 찾을 수 있을 것이다.

필자가 찾았을 때도 어느 목사님이 남긴 말이 생각이 난다. "여기서는 목사가 본문을 읽고 설교를 본문에 합당하게 하지 않으면, 당장 장로님들로부터 지적을 받는다"는 것이다. 그만큼 장로님들까지도 성경과 신학적인 이해를 갖추고 있다는 이야기일 것이다. 아마 섬이라는 지리적 환경 때문에 그것이 가능했다고 생각할 수 있지만, 동시에 이 지역 신자들의 신앙적인 열정을 높이 사지 않으면 안 될 일이라고 생각한다. 아무튼 이곳은 한국에서 가장 복음화율이 높고, 실제로 기독교적인 분위기와 문화가 살아있는 곳이라는 것은 부정할 수 없을 것이다.

백령도 복음의 전령사들 발걸음 따라

섬을 일주하는 순서대로 정리하는 것이 좋을 것이라 생각한다. 지리적으로 옹기포항에서 내리면 제일 먼저 만나는 것이 백령한사랑교회이다. 따라서 이 교회로부터 시작해서 시계 반대 방향으로 섬을 일주하는 여정으로 살펴보겠다.

백령한사랑교회

백령도에는 교회가 10곳이 있다. 그 외에 군인교회가 두 곳(공군, 해병대)이 있다. 민간인 교회들 가운데 가장 늦게 설립된 교회가 백령한사랑교회이다. 그 내막은 알 수 없으나 1988년 7월에 여러 가지 정황으로 보아 같은 지역에 있는 진촌교회로부터 분립된 형태로 시작이 되었다. 따라서 설립 당시의 교회명이 진촌제이교회로 시작이 되었던 것은 그러한 의미로 해석을 할 수 있을 것 같다. 진촌1리 장흥옥 씨 소유의 '개발공사' 건물에서 처음 예배를 드림으로 시작되었다. 이때 이미 70여 명이 넘는 장년 신자들이 함께 시작함으로써 백령도의 새로운 공동체로 발전할 수 있는 기틀을 준비했다.

이렇게 설립예배를 드리고 새로운 담임목사를 청빙하였고(곽효상 목사), 이내 예배당을 마련하기 위한 부지를 확보하면서, 9월 16일에 바로 건축을 시작해서 같은 해 11월 20일 추수감사절에 입당예배를 드릴 수 있었다. 추수감사예배를 마친 후 주택까지 마련해서 목회자의 사

김주성 목사

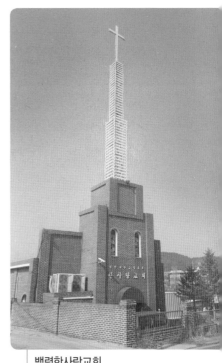

백령한사랑교회

역에 지장이 없도록 했다. 이렇게 일사천리로 새로운 공동체를 만들어간 것은 쉽지 않은 것인데, 이 교회의 경우를 보면 심히 놀라운 일이다. 아마 새로운 공동체가 만들어지면서 더 많은 헌신과 사명에 대한 깨달음이 있었기 때문이 아닐까 하는 생각을 하게 된다.

이렇게 시작된 백령한사랑교회는 1996년 현재의 담임목사인 김주성 목사가 부임한 이후 역동적인 교회의 모습으로 변모하기 시작했다. 부임 후 1997년 3월 10일부터 실시한 21일간 새벽기도 총진군은 전 교인들의 마음을 모으게 했고, 새로운 교회로서 책임있는 모습을 만들어가야 한다는 사명을 깨닫게 했다. 이때부터 구역의 분할과 여전도회의 분할을 통해서 교회의 양적인 성장도 동반되었다. 그리고 1998년 진촌제이교회라는 공동체의 명칭을 지금의 백령한사랑교회로 바꾸었으며, 기존 예배당을 리모델링하게 된다. 부족했던 식당을 새로 건축하면서 예배당 건물과 주변의 환경까지 완전히 개선하는 작업을 실시하여 새로운 모습을 만들었다.

김주성 목사의 관심과 폭넓은 활동으로 2001년에 백령기독교역사관을 유치하여 준공하게 됨으로써 관광 백령도의 앞날을 열어갈 수 있는 계기가 되었다. 이 역사관은 매우 의미있는 것이다. 서해의 고도에 이러한 시설이 만들어질 수 있었던 것도 특별한 섭리였다. 사실 군에서는 처음에

영흥도에 이러한 시설을 계획했었던 것인데 어떤 과정을 통해서 여기 백령도에 건립될 수밖에 없게 했다는 것 또한 아무도 계획하거나 예상했던 일이 아니다.

무엇보다도 중요한 이 책의 원작자인 고 김지현 집사의 집념으로 엮은 〈선택받은 섬 백령도〉가 출판되는 기쁨을 맛볼 수 있게 된 것이 2001년이다. 이것은 개인의 기쁨이 아니라 백령도 전체의 주민과 함께 모든 교회가 기뻐해야 할 일이다. 작은 섬 백령도에 복음의 역사를 정리한 이 책은 백령도 주민과 그리스도인 모두에게 기쁨과 감사의 근거가 될 것이다. 김주성 목사는 2002년 영국 웨일즈장로교협의회의 초청을 받아 토마스 목사의 모교회인 영국 하노버교회를 방문하여 그곳 관계자들과 교제하는 시간도 가졌다.

시간의 변화에 따라 교회가 사회를 위해서 할 수 있는 일이 어떤 것일지? 그것에 대한 깊은 고민과 결단 속에서 김주성 목사는 사회복지사업에 대한 눈을 떴다. 2008년부터 교회에 〈가정봉사파견센터〉를 마련해서 주민들을 직접 돌보는 일을 시작했고, 이듬해인 2010년에는 옹진군으로부터 〈백령종합사회복지관〉을 위탁받아 운영함으로써 백령도 지역사회를 위한 복지사역에 주도적인 역할을 감당하면서 빛과 소금의 사명을 감당하고 있다.

더 나아가서 가칭 〈백령바이블랜드〉를 조성하여 백령도의 관광자원을 만들어서 주민들에게 도움이 될 수 있도록 하겠다는 뜻을 가지고 군과 요로에 뜻을 전달하여 "백령근현대사문화공원조성사업"이라는 목적사업을 추진하고 있다. 이러한 일에 대한 특별한 관심과 함께 백령한사랑교회는 백령도의 미래를 이끌고 있다. 역사가 짧기 때문에 역사에 남겨진 스토리는 별로 없지만 백령도의 미래를 보여주는 교회로 확실하게 자리매김하고 있다.

진촌교회

연안부두에서 출발한 배가 백령도에 닻을 내리는 곳은 용기포항이다. 사실상 이곳에서부터의 여정이 답사 그 자체이다. 백령도는 어디를 가나 신앙의 역사와 함께 하고 있기 때문이다. 섬이라 교통편이 좋지 않다. 택시도 있고 관광버스도 있다. 다만 어떤 것을 이용하느냐가 문제인데, 이곳을 찾으려하는 사람들은 교통편을 미리 결정하고 들어가는 것이 좋으리라고 생각한다. 필자의 경우는 이곳의 지인의 도움을 받았기 때문에 답사가 용이했다.

진촌은 면소재지로서 백령도의 행정, 경제의 중심지다. 따라서 용기포항에서 이어지는 길을 따라서 섬 안으로 들어가면 진촌의 중심이 나온다. 중심가를 벗어나면서 우측을 보면 커다란 예배당이 보인다. 섬에서는 어울리지 않을 만큼 웅장하고 규모가 큰 예배당이 방문자를 맞이하고 있다.

진촌교회는 백령도의 최초의 교회는 아니고 세 번째로 세워진 교회다. 1901년에 사곳에 살고 있는 이들이 복음에 대한 갈망을 가지고 중화

이철 목사

진촌교회

동교회를 찾아가서 예수님을 믿겠다는 요청을 함으로써 1905년에 사곶에 교회가 세워졌다. 지리적으로 사곶이 진촌과 가깝기 때문에 자연스럽게 진촌에서 개종한 사람들은 사곶교회로 나가게 되었다.

중화동교회의 허윤, 허간 등의 청년들이 1904년에 진촌에 와서 노방 전도를 하면서 결신자를 얻게 되었는데, 그들이 이윤범과 장성록이다. 이들은 처음에 중화동교회까지 다니면서 신앙생활을 하다가 1905년 설립된 사곶교회가 가깝기 때문에 사곶으로 옮겨서 신앙을 이어갔다. 하지만 주변에 신자들이 늘어나면서 이윤범의 집에서 예배를 드리면서 진촌교회가 태동하기까지 공동체를 형성하게 되었다. 그렇게 세월이 흘러 더 이상 집에서 예배를 드릴 수 없는 지경에 이르러서 30평 규모의 예배당을 마련하게 되었다. 그것이 1923년 4월 15일의 일이다.

이때까지는 특별한 교역자가 없는 상황이었고, 어떻게 보면 거의 자생하는 공동체로서 신앙을 유지하고 있었던 것이 아닌가 하는 생각이다. 지리적으로나 당시의 지도자의 수급상황, 그리고 경제적인 어려움 등은 이곳에까지 목회자가 들어와서 일할 수 있었을 것이라고는 기대할 수 없었기 때문이다.

예배 공동체가 출범한지 20여년이 지난 1924년에야 처음으로 교역자가 부임해서 이곳의 공동체를 살피게 된다. 일제 말기에는 예외 없는 어려움을 겪으면서도 신앙의 명맥을 이어갔고, 해방과 더불어 옛 예배당을 수리하고 예배를 드렸다는 기록을 볼 때 해방 직전에는 상당한 기간 동안 어려움과 공백이 있었지 않았나 하는 생각을 하게 된다. 즉 1943년에는 일제가 강제로 교회를 통폐합시키는 과정에서 진촌교회와 사곶교회를 하나로 통합시켰다. 여기에는 일제의 전쟁 비용을 조달하기 위한 음모가 있었다. 1945년 해방과 함께 각각의 교회는 다시

진촌교회 종탑

예배당을 수리해서 예배를 드리면서 교회로서의 기능을 하면서 다시 지역을 섬기기 시작했다.

이렇게 다시 하나의 공동체로 성장하게 된 진촌교회는 1953년, 1977년(94평), 1991년(252평)에 각각 새로운 예배당을 건축하였고, 그리고 예배당보다도 크게 보이는 교육관을 2000년도에 신축하였다. 이 지역의 주민들과 함께 하는 신앙과 삶을 나누는 터전으로 진촌리의 신앙의 요람이 되고 있다. 또한 이 교회를 중심으로 하는 지역사회에 대한 봉사가 눈에 띄게 주목을 받고 있는 것도 기쁨을 더해 준다. 뿐만 아니라 섬 지역 교회이지만 1998년부터는 해외선교에도 힘을 쓰고 있다고 한다. 고도인 백령도에서 1997년부터 필리핀에 복음을 전하고 예배당을 지어 선교의 전선을 구축했다.

다만 답사자로 아쉬운 것은 100년이 넘은 역사가 이어지는 교회이지만 그 역사가 기록으로나, 아니면 어떤 유형적인 자료로 남아있어 답사자를 반겨주지는 않는다는 것이다. 시간이 허락된다면 진촌리를 걸어서 돌아보는 시간을 가진다면 좋을 것이다.

백령중앙교회

진촌에서 두무진으로 향하는 길을 따라가다가 보면 만나게 되는 이 교회는 6.25사변이 끝난 다음에 설립되었다. 1953년 말, 즉 12월 27일에 북포리와 가을리의 몇몇 성도들이 모여서 가을 분교의 교실을 빌려 예배를 드리면서 시작되었다. 이때 중화동교회의 담임인 허간 목사는 이 지역에 복음을 전하기 위해서 기존의 신자들로 하여금 그 중심이 되도록 모임을 주선하여 공동체를 형성하게 한데서 출발한 것이다. 한 목회자가 어떤 뜻과 방법을 선택하느냐에 의해서 이렇게 전혀 새로운 지역에 공동체를 만들 수 있게 한 것을 확인하면서 허간 목사의 결단과 지도자로서의 안목

백령중앙교회

김병수 목사

을 확인할 수 있었다.

　그렇다보니 이 공동체의 중심에는 허간 목사가 있다. 공동체를 만들고 바로 1954년 1월 둘째 주일(15일)에 제직회를 조직해서 교회로서의 면모를 만들어서 출발시켰던 것으로 보아 허간 목사의 추진력도 보인다. 1년이 지난 1955년에는 가을 분교에서 더부살이 하는 것을 벗어나 비록 초가지만 예배처소를 준비해서 독립을 했다. 이때 발견하게 되는 놀라운 것은 이 공동체의 어떤 한 사람이 큰돈을 내어놓은 것이 아니라 허간 목사를 비롯해 백령도 교회들의 여전도회 연합회, 진촌교회 등이 뜻을 모아서 새로운 교회의 예배처소를 마련했다는 사실이다. 요즘은 찾아보기 힘들어진 교회의 하나된 모습이다.

　새로운 공동체이지만 시작부터 기존의 신자들이 동참한 것이기 때문에 1958년에 당회를 구성했고, 1960년에는 자체 예배당을 마련했다. 그 건물이 지금은 교육관으로 사용되고 있다. 1980년에는 새로운 예배당을 마련하여 지역사회를 섬기는 일을 하고, 1991년부터는 해외선교까지 감당하는 교회로 성장했다. 이렇게 시작한 해외선교를 뭍에 있는 교회들보다도 훨씬 더 열심히 감당하면서 여러 교회를 개척해서 예배당까지 완성하는 일들을 감당했다. 2004년에는 현재의 예배당(300평)을 건축해서 봉헌함으로써 섬지역의 교회로서 대단한 역사를 만들었다.

두무진교회

진촌리에서 섬 안으로 계속 들어가면 북포리가 된다. 북포리를 벗어나면서 대가을리, 그리고 마을 끝나는 지점에서 갈래길이 되는데, 우회전하여 이 지점에서 약 6km쯤을 가면 두무진 포구가 나온다. 지금은 관광객들이 많이 찾아오는 관계로 주차장 시설도 있다. 언덕 쪽으로 눈을 돌리면 두무진교회의 예배당이 있고, 그 아래 두무진 포구의 사진과 함께 작은 글씨로 무엇인가 가득 적어놓은 간판을 발견하게 된다. 답사 여행을 한다면 다른 곳에 가기 전에 이 간판을 찾아보기를 권하고 싶다. 백령도에 복음이 전래되는 사건들에 대한 문헌들의 글을 옮겨 적어놓은 것이다. 적어도 다른 정보를 가지고 있지 않았다면, 이 글을 읽고서 포구로 나가서 살펴보는 것은 여행의 의미를 더하게 하여줄 것이다. 어쩌면 백령도를 답사하는 이유 가운데 가장 큰 것일 수 있다.

귀츨라프나 토마스 선교사가 백령도를 처음으로 방문한 것은 사실이지만 어디로 들어왔는지는 알 길이 없다. 다만 토마스의 경우 바로 이 두

두무진교회

김태섭 목사

무진 포구로 상륙했다고 구전되고 있다. 그러니까 두무진은 적어도 북쪽 (중국)으로부터 접근할 때 지리적으로 배를 댈 수 있는 가장 확실한 포구 인 것을 감안할 때 굳이 부정할 필요는 없으리라는 생각이 든다. 수심이 큰 배가 접안할 수 있는 여건이 갖추어져 있기 때문이다

귀츨라프가 백령도를 찾은 것은 1832년이고 토마스가 이곳을 찾은 것은 1866년으로 알려지고 있다. 그러나 그들의 방문에 의해서 직접적으 로 이곳에 교회가 세워졌거나 그리스도를 영접한 사람들이 있었다는 기록 은 현재까지 찾을 수 없다. 다만, 이것은 한국에 프로테스탄트교회가 전 래되는 과정에서 그 접촉점으로써 생각할 수 있는 중요한 사건이다. 훗 날, 이곳에 복음이 들어왔을 때는 너무도 쉽게 이 곳 사람들이 복음에 매 료될 수 있었던 이유가 이미 성경을 전해 받았지만 신앙생활을 하지 못했 던, 그리고 공동체를 형성하지 못했던 사람들이 그 길이 열렸을 때 공동 체를 형성할 수 있었던 것이 아닐까하는 생각을 해본다.

그러한 의미에서 이곳은 우리나라에 복음이 처음으로 들어온 관문 가 운데 하나인 셈이다. 공식적으로는 1884년 알렌 선교사의 입국을 효시로

두무진 포구의 안내도

여기고 있지만, 실제로 이 땅을 선교하기 위해서 찾았던 선교사의 첫 발걸음이 이곳에 남겨진 것이다. 그들의 수고는 결코 헛되지 않았다. 당시에 바로 열매가 맺혀진 것은 아니지만 토마스가 다녀가고 30년 후에 백령도에는 하나의 공동체가 전혀 다른 루트를 통해서 만들어지게 되었다. 그러나 그것은 결코 우연한 것이 아니고 복음의 씨앗이 이곳에서 이미 싹이 틀 수 있는 때를 기다리고 있었고, 그 씨앗은 일찍이 귀츨라프와 토마스에 의해서 뿌려졌던 것이 아닐까.

그러한 의미에서 지금은 백령도에서 찾을 수 없지만 사실은 바다 건너 황해도를 생각하지 않을 수 없다. 우리나라 최초에 프로테스탄트의 전래는 중국과 지리적으로 가장 가깝게 위치해 있는 황해도 서해안 일대를 통해서 전해진 것은 이미 알고 있는 바이다. 백령도를 기점으로 해서 장산곶과 그 앞에 백령도와의 사이에 있는 작은 섬들, 이 지역은 바로 우리

두무진

두무진 가는 길

통일기원비에서 본 바다

나라에 복음이 전하여지는 첫 번째의 장소들이라는 점은 의미가 크다. 그리고 그 가운데 하나가 두무진 포구인 것이다.

우리나라에서 가장 아름다운 현무암 기암괴석의 장관을 놓칠 수는 없는 일이다. 개인적으로는 남해의 해금강은 여기에 비할 수 없다고 생각할 만큼 아름다운 곳이다. 배를 타고 나가서 포구를 벗어나면서부터 눈에 들어오는 정경은 한국 최고의 절경이다. 서북쪽으로 펼쳐져 병풍처럼 서 있는 괴석군(怪石群)은 황홀하기까지 하다. 시간에 따라서는 쏟아지는 태양, 혹은 낙조와 함께 어우러져 절경을 만들어 준다. 약 한 시간 가량을 유람선으로 섬 주변을 돌아볼 수 있는데 요금이 비싸긴 하지만 시간이 언제 지났는지 모른다. 또한, 이 지역은 천연기념물과 희귀 보호생물들이 많이 있는 곳이기도 하다. 가마우지와 물범의 서식지로서 쉽게 육안으로 확인할 수 있는 곳이다. 점점 많은 사람이 찾아오는 것이 그들의 서식환경을 나쁘게 만드는 것이 아닌가하는 걱정이 들기도 한다.

주변을 돌아보고 유람선에서 내리면서 우측을 보면 횟집들이 자리하고 있는데, 그 앞을 지나서 통일기원비를 안내하는 이정표를 따라서 올라갈 수 있다. 두무진 포구를 한 눈에 내려다볼 수 있는 전망이 좋은 곳이

천안함 46용사 위령탑

있다. 잠시 앉아서 선교사(토마스)가 이곳을 찾았을 때의 상황을 그려보면서 포구를 내려다보며 땀을 식히는 것도 좋을 것 같다. 통일기원비를 옆으로 하고 언덕 너머로 내려갈 수 있는 곳이 있는데, 백령도의 제1경을 만날 수 있기에 꼭 찾아보도록 권하고 싶다. 가능하면, 그곳에서 낙조를 맞을 수 있는 것은 최고의 풍경을 경험할 수 있을 것이다. 근처에 먼 바다를 내려다볼 수 있는 〈천안함 46용사 위령탑〉에 들러도 의미가 있을 것이다.

가을교회

두무진 포구에서 왔던 길을 다시 돌아 나와 두무진을 가기 위해서 우회전하였던 삼거리에서 우회전을 하면 양옆으로 논을 가로지르는 길이 나온다. 이 길을 따라서 약 300m 쯤 가면 작은 마을이 나온다. 길가에 바로 예배당 건물이 보인다. 건물은 다른 교회와 마찬가지이지만 인상적으로 눈에 들어오는 것은 종탑이다. 예배당 마당에 세워져 있는 종탑은 담쟁이가 둘러싸고 있어서 세월의 무게를 더하게 느껴졌으며 맨 위쪽에 종이 올려져 있다. 멀리서 보면 종탑으로 보이지 않는다. 마당에 들어서면서 그것이 종탑인 것을 확인할 수 있다. 해방 이후에 바로 준비한 종을 지금까지 사용하고 있다는 이야기인데 참 귀하게 느껴졌다. 도심에서는 대할 수 없는 작은 예배당이 있는 그림이다. 그 모습을 카메라에 담아보려 했지만 느낌까지 담는 것은 어려웠기에 아쉬웠다. 하지만 이마저도 현재는 만날 수 없는 것이 되고 말았다. 필자가 처음 이곳을 찾았을 때에는 그러한 정취를 느끼게 하는 종탑이었는데 이러저러한 이유로 이제는 다시 접할 수 없게 되었다.

가을교회

양희문 목사

미군에게서 기증받은 종

가을교회의 시작은 역시 백령도의 모교회인 중화동교회로부터다. 이 마을의 김명길이라는 사람이 부인과 함께 1898년경부터 중화동교회로 출석을 했는데, 그러니까 거의 중화동교회의 초기에 예수님을 믿는 사람이 되어서 오랫동안 이곳에서 중화동까지 걸어서 교회를 다녔다고 한다. 그러던 차에 이 마을에 신앙을 가지려는 사람들이 많아지면서 1921년에 6칸 함석지붕 예배당을 마련하게 된다. 그러나 유력한 신자들의 이주 관계로 말미암아 독립된 교회로의 발전을 하지 못하고, 1923년 11월에야 황해노회 제55회 노회에서 중화동교회로부터 분립하는 허락을 받아서 가을교회가 설립되었다. 현재 가을교회가 설립기념일로 지키고 있는 것은 1924년 3월 1일이다. 이렇게 분립의 과정을 통해서 시작된 가을교회는 설립 당시에 이미 40명(세례인 15, 학습인 6, 원입인 20)이었다. 그만큼 인구도 지금보다는 많았고 신앙의 열정도 뜨거웠다고 할 수 있을 것이다.

중화동교회의 허간 목사가 산파 역할을 해서 교회를 분립시켜서 세웠던 것인데, 앞에 찾아 보았던 백령중앙교회를 탄생시켰고(1953), 이어서 찾아가게 될 연지교회도 분립시켜서(1939) 세운 교회라는 것을 생각하면, 허간 목사의 깊은 뜻과 가을교회의 역할을 꼭 기억해야 할 것이라는 생각을 하게 된다.

그러나 워낙 외진 섬이고 교통이 불편한 곳이라서 교역자 수급이 어려웠던 것은 당연하다. 교회의 연혁을 보면 1950년대 말까지도 영수(領袖)제도가 있었고, 그 이후에도 목회자가 없어서 백령도에 주재하는 군목들이 교회를 돌보았다는 기록을 볼 수가 있다. 그만큼 이곳의 지리적, 경제적인 어려움이 있었던 것을 짐작하게 한다. 그럼에도 불구하고 교회가 마을의 중심에서 신앙을 계승시키는 일은 물론 마을의 정신적인 중심에서 그 역할을 다하고 있는 모습을 보여주고 있다.

예배당은 본래 1958년에 지은 것이다. 어려운 시대에 지어진 것이기도 하고, 어려운 여건에서 지어진 것이지만 가을교회 신자들의 신앙이 일구어낸 외적인 표현으로 보인다. 재미있는 것은 겉에서 보면 벽돌 건물처럼 보이는데, 사실은 1958년에 지은 목조 함석지붕의 예배당을 안에 둔 채 겉에다가 벽돌로 조적을 한 것이다(1970). 이곳의 형편과 현실적인 문제들 때문에 최선의 선택을 한 것이 아닐까 하는 생각이다.

이것은 필자가 오래전 답사하면서 썼던 글이기에 현재의 상황을 더한다면 앞에서 종탑이 없어진 것과 함께 2009년에 새로운 예배당을 건축하여(60평) 과거에 있었던 분위기와는 많이 달라졌다.

연지교회

가을교회를 나서면서 바로 우회전하면, 중화동과 연화리 방향이 된다. 불과 200여 미터만 가면 삼거리길인데, 거기에는 이정표가 있다. 거기서 연지동 방향으로 우회전해서 마을로 들어가면 마을 안 왼쪽에 예배당 건물이 보인다. 예배당 건물을 보면서 골목으로 따라 들어가면 작은 다리가 있고, 다리를 건너면 바로 예배당이다.

연화리는 백령도의 북서쪽 해변에 자리하고 있는 작은 마을이다. 장산곶 인당수에 몸을 던진 심청이가 바로 이곳 연화리에서 꽃으로 피어났다는 전설이 전해지는 곳이기도 하다. 마을 이름도 그래서 연화리라고 한다. 구전으로 전해오는 이야기며, 심청전 자체를 역사나 사실적인 교훈으로 받아들일 수 없는 한계가 있는 것이 사실이기에 별다른 의미를 부여할 수 없는 것인데, 연화리를 찾은 사람으로서 이곳에서 들은 이야기다.

예배당 앞에 들어서면서 눈에 띄는 것은 역시 가을교회와 같이 교회의 종탑이 특별하다(현재는 없어진 상태임). 돌을 쌓아서 만든 탑으로서

연지교회

권오영 목사

꽤나 오랜 시간을 견뎌온 것임을 알 수 있다. 예배당과 교육관으로 사용하는 구예배당, 그리고 목사관이 산자락에 나란히 흰색의 페인트를 칠한 채 자리하고 있다. 너무나 조용한 마을, 고즈넉한 분위기는 적막함마저 느껴진다. 아마도 아이들이 없어서 그런 것 같다. 그런데 아이들만이 아니라 오가는 사람들도 없다. 농어촌 교회들의 상황이 다 그렇겠지만 적막함마저 느껴지는 마을의 분위기다.

이곳에 복음이 들어오고 교회가 세워진 것은 중화동교회에 다니게 된 이 마을의 사람들이 생기면서 시작되었다. 1912년 이 마을에 살던 정두진, 허의매라는 두 여인이 예수님을 영접하고 여러 해 동안 중화동교회로 출석했다. 그 후에 가을교회가 세워져 비교적 거리가 가까운 가을교회로 출석을 하게 되었다. 그러던 중에 김두환, 이귀덕 부부가 이 마을에 정착하면서 마을 사람들 가운데 몇 사람이 개종을 하게 됨으로 교회를 세우는 분위가 만들어졌다. 1939년경 연지동, 이 마을에 교회를 세워야하겠다는 움직임이 있었고, 가을교회로 출석하던 사람들이 모여 예배당 건축을 논의하게 되었다. 이렇게 해서 그해 예배당으로 초가 10칸을 마련하게 되는데, 그것이 연지교회가 이곳에 세워지게 된 동기였다. 집을 예배당으로 개조하여 그해 11월부터 예배를 드
렸다. 그러나 교회로의 설립은 한참의
시간이 지난 1941년 10월 황해노회에
서 가을교회로부터 분립을 허락 받아
서 연지교회라는 정식 이름을 가지게
되었다. 이미 이때의 신자가 100여 명
이 되었다고 하니 마을의 크기에 비해

| 연지교회 종

서 교회의 규모와 신앙의 열정이 어떤 것이었는지 짐작할 수 있을 것이
다. 백령도의 대부분의 마을에 기독교인이 아닌 사람이 없을 만큼 복음화
율이 매우 높다. 이 마을의 경우도 예외가 아닌 것이다.

하지만 연지교회도 교역자가 없어서 어려움을 겪는 일은 예외일 수
없었다. 낙도의 교회들이 대부분 경험했던 일이고, 그 중에도 가장 외진
섬인 백령도의 연지교회도 예외가 아니었다. 따라서 상당한 기간을 중화
동교회의 목회자가 겸임으로 연지교회를 돌봐야만 했다. 그 후에도 몇 년
씩 무목 상태로 있어야만 했다. 1990년대에 들어와서도 교역자가 없어 은
퇴한 목사가 돌보아야 하는 형편으로 6년을 지내야 하는 현실이었다. 그
만큼 낙도 지방의 어려움을 보여주고 있는 것이다. 하지만 이 교회는 많
은 목회자들을 배출시켜 각처에서 사역하도록 한 것은 부정할 수 없는 역
사이며, 감사한 일이 아닐 수 없다.

중화동교회

연지교회에서 나와 마을 밖 큰 길에서 우회전하여 언덕을 넘어 약
2.8km를 가면 장촌과 중화동으로 표시되는 이정표와 함께 삼거리가 나
온다. 여기서 다시 우회전하면 중화동 방향이다. 이 삼거리에서 중화동교
회까지는 약 1.2km이다. 예배당이 마을 안에 깊숙이 자리하고 있기 때문

에 마을을 지나면 멀리 언덕 위에 커다란
예배당과 부속 건물들이 한 눈에 들어온다.

한국 기독교 복음 전래 선구지 기념비

마을 앞에 있는 포구에는 꽤나 큰 배들
이 고기잡이를 하고 있음을 짐작할 수 있게
한다. 교회를 보는 순간 감회가 남달랐다.
왜냐하면 개인적으로는 이곳을 꽤나 오래
전에 왔어야했고, 오고 싶었던 곳이기 때
문이다. 그러니까, 1972년부터 선친께서 목회하던 곳이기 때문이다. 그
때는 와보고 싶었지만 그럴 수 있는 여유가 없었고, 교통도 매우 어려웠
기 때문에 부모님이 이곳에 계시는 동안 한 번도 다녀가지 못했다. 그곳
이 어떤 곳일까 상상만 할 수밖에 없었는데, 막상 이제야 그 앞에 서니 만
감이 교차했다.

전날부터 중화동교회의 목사님께 방문할 것을 약속했었기에 옛집을
찾아들 듯 한 걸음에 들어섰다. 그런데 다른 사람들이 이곳을 방문해서
목사님이 예배당 안에서 설명을 하고 계셨다. 그분들이 돌아가기까지 기

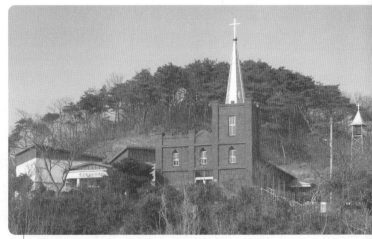

조정헌 목사

중화동교회

중화동교회 종탑

다리면서 주변을 돌아보았다. 어디엔가 남겨진 옛 자취가 없을까 해서다. 오래된 나무들이 교회의 오랜 역사를 말해주고 있고, 지난 1996년에 있었던 100주년 기념행사가 남긴 비석과 종각이 한편에 자리하고 있는 것 이외에는 특별한 것이 없었다.

　　중화동교회를 찾은 것은 단지 개인적인 관련 때문이 아니라 앞에서 이미 언급했던 것처럼, 백령도가 한국에 복음의 접촉점으로서 기록에 남겨진 곳이기 때문이다. 앞서 이곳을 지나갔던 선교사들이 뿌린 씨앗이 발아하기까지는 많은 시간이 필요했다. 귀츨라프가 다녀간 때로부터 생각한다면, 60년이 훨씬 넘은 후에야 이곳에 믿음의 싹이 트게 되었고, 그 첫 번째 공동체가 여기 중화동에 세워졌다. 그리고 그 공동체는 이곳뿐만 아니라 백령도와 대청도, 소청도에까지 복음을 전하고 교회를 세우는 모체가 되었다. 뿐만 아니라 백령도 출신의 많은 목회자를 배출시킴으로써 뭍에서도 그들의 사역이 인정받고 있다. 특별히 인천 시내에는 이곳 백령도 출신의 목회자들이 많다. 긴 세월 동안 다른 곳으로 옮기지 않고 한 자리에서 100년이 훨씬 넘는 역사를 지키고 있는 변함없는 모습을 대하는 기쁨은 답사자만의 것일까.

　　백령도에 복음의 씨가 자라게 되었던 것은 1896년 이전의 역사로 거슬러 올라간다. 이 마을 사람인 허득(許得)에 의해서 신앙과 교회가 시작되었다. 그는 문서로 확인할 수 있는 백령도 최초의 신자이고 중화동교회를 처음으로 세운 사람이기도 하다. 그는 당시 개화파 정치인으로 통정대부(通政大夫)의 관계(官階)를 받고 동지중추부사(同知中樞府使 : 정3품 당상관 – 현 차관보급)라는 관직에 있었던 백령도의 실세였다.[178] 그는 일

---

178 〈화동교회설립사〉, 2001년 8월 5일, 주보

찍이 진보된 서구문화를 받아들여야 함을 확신하고 있었던 사람이다. 그가 육지에 있는 동안 넓은 세상을 알고 성경과 문서를 통해서 기독교를 알게 되었다. 상당한 관심과 지식을 습득했지만 국가가 금하고 있는 종교를 받아들이는 것은 어려운 일이었다. 개인적으로는 기독교에 대하여 관심을 많이 가지고 있었지만 그것을 표현할 수 없었던 것 같다.

허득(許得)이 기독교를 받아들이고 교회를 세우게 된 직접적인 동기는 1894년 갑신정변(甲申政變) 때 정부와 정치를 바로잡으려고 상서(上書)와 충언(忠言)을 하다가 역적으로 몰려 이곳으로 유배를 오게 된 사람들과의 만남에서 시작된다. 그 중의 한 사람이 김성진(金成振)이다. 4~5명의 유배자들 가운데서 그가 허득의 사랑방에서 기거하게 되었다고 한다. 그곳에 머물면서 마을의 아이들에게 한문을 가르치기도 했는데, 그러던 중 허득과 이야기를 하면서 자신이 이곳으로 유배를 오면서 성경을 가지고 왔고, 그것을 읽어보니까 사서삼경(四書三經)이 모두 성경에 근거를 둔 것 같다는 의견을 토로했다. 그 이야기를 들은 허득은 자신이 이미 마음에 가지고 있었던 생각을 말하는 것과 같았기에 기꺼이 동의했고, 함께 교회를 세우고 신앙을 받아들이도록 하자는 의견의 일치를 보았던 것이다. 이에 두 사람은 1896년 6월경 동네 사람들을 모아서 예수를 믿어야 하는 이유를 설명하고 함께 믿기로 결정을 했다고 전해진다.[179]

그리고 기독교에 대해서 가르침을 받아야 할 필요성과 성경과 신앙서적들을 구해야 할 필요를 느껴서 김달삼이라는 사람을 선정하여 서울로 보내기로 했다. 그러던 차에 바다 건너 가까운 황해도 장연 땅에 서양 사람들이 와서 예수의 복음을 전한다는 소문이 들려왔기에 일단 김달삼을 장연군의 소래(松川)로 보내서 사람을 청하여 오도록 했다. 1896년 8월 20일경에 서경조(당시 소래교회 장로)와 홍종옥(집사), 오씨로 알려진 교

179 김규현, 〈중화동교회 100년사〉, 인천: 중화동교회, 1996, p.56

인 등 3명이 이곳 백령도를 찾아왔다. 그리고 그들은 이곳에 와서 전도를 했다. 8월 25일 마을의 서당에서 처음으로 예배를 드리게 되었는데, 이것이 중화동교회의 효시인 것이다. 서경조 장로 일행은 4주간이나 이곳에 머물면서 낮에는 전도하고 밤에는 성경을 가르치면서 기독교회의 구원의 원리와 은혜를 깨우쳐 주었다.

그러나 그들은 다시 장연으로 돌아갔고, 허득과 김성진을 중심으로 하는 이곳 사람들만 남겨졌다. 이때부터는 그들이 예배를 직접 인도하면서 자생하는 공동체로 성장하였다. 물론 김성진이 유배 생활을 마치고 돌아간(1897년)[180] 다음에는 허득이 예배를 인도했다. 그러다가 1899년에 지금의 터에다가 처음으로 예배당을 지었다. 6칸 규모의 초가 예배당을 장연의 소래교회를 짓고 남은 자재를 가져다가 지었다. 그 후 4차에 걸친 예배당의 신개축이 있었다. 그리고 1900년 9월에 언더우드 선교사가 이곳을 찾아와서 처음으로 세례를 거행했다. 이때 세례를 받은 사람이 허득, 허근, 최영우, 허윤, 허간, 허권, 김홍보 등이었다.

언더우드 선교사는 세례를 베푼 것으로 끝이 아니라 실제로 이 교회의 1대 당회장(1896~1901)으로 책임을 가지고 관리를 했으며, 언더우드 이후에는 사우업(Charles Edwin Sharp) 선교사가 맡아서(1901~1906) 이 교회를 관리했다. 그러니까, 중화동교회에 아직 목회자가 없는 상황에서 선교사들이 직접 관리했다는 의미이다. 그 후에는 서경조 목사(1906~1910), 다시 사우업 선교사(1910~1917)가 맡아서 관리하다가

---

180 김규현, 〈중화동교회 100년사〉, p.58
그러나 여기에는 해결해야 하는 문제가 있다. 지금까지의 이야기는 전적으로 허간 목사의 기록에 의존한 것인데, 조선왕조실록의 고종순종실록(高宗純宗實錄) 편에는 1897년에 김성진을 유배를 보냈다는 기록이 있고, 유배를 해제하는 것이 1906년으로 되어있으니 그 시간적인 차이를 극복하는 것이 과제이다.

1918년에야 처음으로 담임목사를 청빙할 수 있었다.

교역자가 없는 현실에서 1908년까지는 전도 부인들에 의해서 교회가 지켜졌고, 그 후에도 영수와 조사들에 의해서 지켜졌다. 담임목사가 처음 오게 된 것은 교회가 세워진지 20년도 넘은 1918년이다. 그 이후로 중화동교회는 다행히 목회자가 계속해서 사역해 왔다. 1918년 이전에는 선교사들과 지리적으로 가까운 황해도 장연교회의 서경조 목사가 중화동교회를 관리하는 형편이었다. 물론 일제 말기에도 교역자가 없거나 조사가 시무하는 시련을 겪어야만 했다.

중화동교회의 설립과 그 존재는 백령도를 비롯한 인근 지역에 복음화를 가능하게 하는 시작이었다. 현재 백령도에 있는 10개의 교회는 모두 중화동교회와 어떤 형식으로든 관계가 있고, 그 출발점에도 이름이 오르내린다는 의미에서 귀하다는 생각을 할 수밖에 없다. 만일 이곳에 복음의 씨앗이 심겨지지 않았다면, 이곳 섬 지역에 복음화는 결코 쉽지 않았을 것은 물론이거니와 신앙으로 살아가는 독특한 섬의 문화를 상상하지도 못했을 것이다. 현재 백령도는 기독교적인 세계관이 지배하고 있기 때문이다. 백령도는 비록 교회에 나오지 않는 사람도 제사를 지내지 않고, 어업을 하는 사람들도 풍어제와 같은 굿이나 마을의 당제(堂祭) 같은 것을 지내지 않는다는 사실을 보아 그렇다. 참으로 귀한 일이다. 우리나라 어디에도 찾아볼 수 없는 일이 아닌가 생각한다.

중화동교회
창립 100주년 기념비

중화동교회
허간 목사 기념비

뿐만 아니라 중화동교회는 1908년부터 조선이 망해가는 것을 목도하면서 나라의 미래를 걱정할 수밖에 없었다. 그럼에도 할 수 있는 것이 딱히 없었다. 결국 나라의 미래는 자라는 청소년들이 깨어나도록 해야 한다는 깨달음과 함께 교회의 사명이라고 생각하고 사곶교회와 힘을 모아서 〈해서제일백령학교〉를 설립했다. 이 교회의 허윤이 교장, 허간이 교사로서 책임을 맡아 가르치는 일을 했다. 중화동교회 동쪽에 2개의 방을 마련해서 주로 중화동과 사곶에 살고 있는 청소년들 35명을 가르침으로 백령도의 미래, 나라의 미래를 꿈꾸게 했다. 하지만 1910년 한일병탄 이후 일제는 교회에서 운영하는 어떤 형태의 교육시설이든 폐교시킬 목적으로 〈교육칙령〉이라는 것을 공포하고 폐교 절차를 밟았다. 〈해서제일백령학교〉는 그렇게 1911년 문을 닫고 말았다. 하지만 공민학교 내지는 성경학교라는 이름으로 청소년들을 가르치는 일은 계속되었다.

백령기독교역사관

중화동교회를 찾았을 때 제일 먼저 만나게 되는 것은 예배당으로 오르는 계단이다. 100년이 넘는 세월 동안 그 언덕을 오르내렸을 수많은 사

백령기독교역사관

백령기독교역사관 앞

람의 모습을 그리게 된다. 언덕에 오르면 세월을 짐작하게 하는 향나무가 많이 힘들어 보이게 서 있는 것을 만나게 된다. 언제 심겨진 것인지는 모르지만 교회의 역사만큼은 되지 않았을까 하는 생각이 든다. 예배당은 깨끗하게 단장을 해서 낙도에 있는 예배당이라는 느낌이 들지 않는다.

마당에는 중화동교회 100주년기념 비석이 있고, 또 하나의 비석은 백령도에 기독교가 전래되고 교회가 세워지는 과정에서 공을 세운 이들에 대한 일종의 공덕비인 기념비가 있다. 이 비석에는 이곳에 처음으로 기독교가 전해지는 데 결정적인 역할을 했던 이들과 그 과정에 대해서 간략하게 새겨져있다. 특별히 이 비석은 백령도 안에 있는 8개 교회의 장로 35명이 뜻을 모아서 세운 것이다. 자신들이 살고 있는 섬에 복음을 전해주고, 모교회의 역할을 한 신앙의 선배들을 기리는 마음에서 세운 것일 게다. 그리고 그 옆에는 지금은 사용하지 않는 종이 있다. 이 교회의 역사와 함

백령기독교역사관 내부 전시실

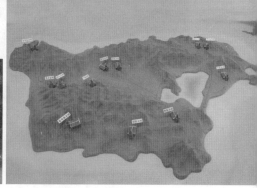

거리의 벽화

께 하는 종으로서 잘 보존되어 있다.

　·　예배당을 살피고 옆 마당으로 나가면 〈백령기독교역사관〉이라는 대리석 명패를 달고 있는 건물을 만난다. 감격스러운 것은 이 낙도에 기독교역사관이 있다는 사실 하나로 충분하다. 필자가 처음 찾았을 때는 없었던 것이나 몇 해가 지난 후 다시 찾았을 때는 예쁘게 단장을 하고 찾는 이들을 맞이하고 있었다. 중화동교회만을 생각하고 찾았던 이들은 역사관을 둘러보면서 놀라는 것이 당연하다. 필자와 마찬가지로 이런 역사관이 있으리라는 생각은 하지 못하였을 것이기 때문이다. 어쩌면 지방자치제가 실시되면서 얻을 수 있었던 것 가운데 하나가 아닐까 하는 생각이다. 지방정부가 활성화되면서 지방의 역사와 문화를 발굴하고, 그것을 각 지방의 문화유산으로 홍보하면서 중앙정부가 할 수 없었던 일을 지방정부가 하기 때문이다. 옹진군의 경우도 이곳 중화동에 양인(洋人)들이 찾았던 역사와 함께 기독교가 전래된 곳이라는 것을 알게 되었고, 이것을 지방의 문화유산으로 역사화하는 과정에서 이곳에 〈기독교역사관〉이 만들어 질 수 있었을 것이라는 생각을 하니 기쁜 마음이다.

　　다행스럽게도 중화동교회가 속해있는 교단과 노회, 전국여전도회연합회가 협력해서 이러한 건물을 마련할 수 있었다는 것도 기쁜 일이다. 낙도에 역사관을 세운다고 하는 것에 대한 이해의 차이가 크기 때문에 어려운 일이었을 것이라는 생각이 든다. 많은 사람의 관심을 끌 수 없는 것이 현실이기 때문에 이런 곳에 돈을 쓴다는 것이 쉽지 않다는 것을 알고 있기에 더 기쁘고 감사한 일이 아닐 수 없다.

한편 여기에 역사관이 세워질 수 있었던 것은 백령도의 기독교 밀도가 높기 때문에 가능했을 것이라는 생각도 든다. 비록 전시물이란 것이 유물은 거의 없지만 백령도의 일반 역사와 기독교의 전래 역사를 알아 볼 수 있도록 자료를 만들어 관람할 수 있게 해놓았다. 2001년 11월에 세워진 이 역사관은 백령도 주민들에게도 백령도에 대한 의식을 가질 수 있도록 하는 역할을 한다. 또한 이제는 백령도를 찾는 이들에게는 반드시 방문해서 살펴보아야 할 곳으로 필수 코스가 되었다.

장촌교회

낙도인 이곳에 복음을 들고 들어왔던 선교사들이 전해준 성경책이 아무런 열매도 기대할 수 없었던 것처럼 보였는데, 비록 오랜 시간이 걸렸지만 그 열매가 맺혀 백령도 전체에 교회들이 세워지게 되는 것을 보면서 하나님의 섭리를 새삼 느끼게 된다. 이 섬에는 선교사들이 직접 교회를 세운 역사는 없다. 하지만 그들의 발자국을 따라서 떨어졌던 복음의 씨앗

장촌교회

강상용 목사

이 오랜 세월이 지난 후에 자라날 수 있었다. 필자는 오늘 그렇게 해서 이 지역에 세워지는 또 다른 교회들을 찾아 나섰다.

장촌교회의 종

중화동교회에서 큰 길로 나오면서 장촌 방향으로 우회전해야 한다. 작은 고개를 하나 넘으면 장촌이다. 이 교회는 백령도에서 비교적 짧은 역사를 가진 편이다. 왜냐하면 6.25사변이 끝난 다음 달에 세워졌기 때문이다. 이 교회가 세워지는 과정에는 당시 해군 군목으로 사역을 하고 있었던 전덕성 목사와 중화동교회의 허간 목사가 있다. 이들은 뜻을 같이하여 마을 공회당에서 중화동교회까지 오가면서 신앙 생활을 하던 박옥련, 장익춘 등 7명의 신자들과 함께 설립예배를 드림으로 시작되었다. 낙도의 현실은 목회자를 청빙하는 것이 매우 어렵다는 것이다. 따라서 초기에는 신자 중에 주병준, 김응현 집사가 영수라는 직함으로 교회를 돌보았다.

그렇게 시작된 공동체는 1962년에 교회 부지를 마련하고 처음으로 30평 규모의 예배당을 지었다. 그리고 근년에 들어서 2016년에 400평 규모의 새로운 예배당을 지었다. 신자들만이 아니라 마을의 기쁨과 자랑거리가 되었다. 마을의 규모나 인구의 현실을 보면 어떻게 이런 예배당을 마련할 수 있었을까 하는 생각이 들만큼 과분한 예배당을 마련한 것을 보면서 이 섬의 신자들이 무엇을 위하여 살고 있는지 깊은 생각에 빠지게 한다.

화동교회

장촌삼거리에서 사곶 방향으로 언덕을 넘어서면, 다시 삼거리가 나온다. 그곳에서 우회전하면 사곶이라는 이정표가 있다. 여기서 직진하여 마을 쪽으로 들어가야 한다. 삼거리에서 마을 쪽을 보면 예배당이 보이는데, 그것은 천주교회이다. 천주교회를 지나서 마을 안으로 들어가 8시 방

화동교회

박윤환 목사

향으로 보면 언덕에 커다란 예배당이 보인다. 예배당을 보고 찾아 들어가면 된다.

새로 지은 예배당은 마을에 어울리지 않을 만큼 압도적인 모습이다. 한편으로는 마을을 지키고 있는 듯한 분위기도 느껴진다. 더운 날이어서 이것저것 물어보는 것조차 미안한 마음이지만, 여기까지 와서 그렇게까지 생각할 수 있는 여유가 내게는 없었다. 실례인줄 알면서도 목사님을 찾아 이것저것 이야기를 나눌 수밖에 없었다.

예배당이 있는 언덕에 올라 마을을 내려다보면 하나님의 강권하시는 섭리를 느낄 수 있었다. 백령도에서도 아주 외진 이곳에까지 복음을 통해서 소망을 가질 수 있게 했으니 말이다. 지금이야 섬 안에도 길이 나고 포장까지 되어있으며 차량을 이용할 수 있으니 그렇게 느껴지지 않을 수 있겠지만, 그 옛날을 생각하면 감격이 더하여진다.

예배당을 잠시 살펴본 후에 교회의 상황에 대하여 목사님이 들려주는 많은 이야기를 담을 수 있었다. 화동교회는 역시 중화동교회와의 관계에서 시작된다. 1917년 3월에 중화동교회로부터 분립하여 설립예배를 드리는 것이 화동교회의 시작이었기 때문이다. 물론 이렇게 분립이라는 형태를 취할 수 있었던 것은 이 마을에서 이미 중화동교회까지 출석했던 신자들이 있었기 때문이다. 그 역사는 1903년으로 거슬러 올라간다. 그러니까, 1903년부터 이 마을에 살았던 최씨 일가 즉, 최대수(崔大守), 최익현(崔益賢), 최익삼(崔益三) 등이 예수님을 영접하고 이곳에서 중화동까지 오가면서 신앙 생활을 했다. 이 마을에서 중화동까지는 꼭 십리 길인데, 열심히 오가면서 신앙 생활하기를 십여 년이 지나면서 이 마을 사람들이 하나씩 둘씩 예수님을 영접하는 기회를 가지게 되었고, 그 수가 늘어나 독립교회로서도 충분한 상황이 되었을 때 분립하기에 이르렀던 것이다.

1917년 3월 16일은 초가 6칸짜리 건물을 신축하고 설립예배를 드렸다는 기록은 이미 이 마을의 교세가 어느 정도였는지를 짐작하게 하는 것이다. 그러나 이때가 완전히 독립된 교회로의 시작은 아니었다. 굳이 표현하자면 중화동교회 새로운 예배처소였다. 아직 분립된 완전한 교회의 형태는 아니었다는 의미일 것이다. 따라서 초기의 당회장은 중화동교회 당회장이 겸임하고 있었다. 교회를 돌볼 수 있는 목회자가 없으니 최익노 씨를 영수로 세워 예배를 인도하게 했다. 현재의 기록으로는 세 사람의 초기 신자를 확인할 수 있을 뿐이지만, 그들의 신앙은 이 마을에 백령도에서 네 번째의 교회를 세우게 하는 열매를 맺고야 말았다. 자신들이 살고 있는 마을에 예배당을 마련하고 기뻐했을 당시의 신자들을 생각해보면, 그 감격을 조금은 느낄 수 있을 것 같다.

1931년에는 섬 지방에서 구할 형편도 안되고, 구할 수 있는 건축자재도 없는 실정인데도 불구하고 함석 지붕을 이은 새로운 목조 예배당(15평)을 지어서 봉헌하였으니, 이 교회의 두 번째 예배당인 셈이다. 그러나 화동교회도 일제 말기에는 문을 닫아야 했던 아픈 역사가 있다. 집회를 할 수 없도록 했던 일본 제국주의자들의 박해 때문에 문을 닫아야만 했다. 하지만 그냥 체념만 할 수 있는 것은 아니었기에 유정원이라는 집사와 주일학생 10여 명은 십리를 걸어서 중화동교회로 출석하면서 신앙을 겨우 유지할 수 있었다. 1945년 8월 15일 해방과 더불어 다시 교회의 문을 열었고 그 동안 나오지 않았던 신자들이 다시 집회를 가지면서 교회의 역사를 이어갔다. 하지만 당시 예배를 인도할 수 있는 목회자가 없었기 때문에 박봉건 집사가 예배를 인도하다가 1947년부터는 중화동교회의 김형찬 집사가 화동으로 이사를 와서 예배를 인도하면서 교회를 지켰다. 목회자가 없는 상황에서 공동체를 지키기 위해서 다른 교회의 집사가 이 마을로 이사를 와서 섬겼다는 것은 말만으로도 감동이 크다. 많은 시간이 지났음에도 목회자를 청빙할 수 없으니 중화동교회 허간 목사는 김형찬 집사를 영수로 취임시켜서 책임을 가지고 교회를 지키도록 했다. 이렇게 다시 시작된 교회의 역사는 6.25사변을 겪고 6~70년대에 이르러 가장 많은 신자가 모이게 되고, 예배당도 몇 번이나 다시 지어야만 했다.

이 마을도 기독교회가 들어오기 전에는 무속신앙이 굉장했었다고 한다. 교회가 세워지면서 마을 제사도 폐지하게 되었고, 이 과정에서 마을 투표까지 했다고 한다. 워낙 뿌리 깊게 자리를 잡고 있었던 무속신앙을 가진 사람들은 강하게 저항했고, 이를 위해서 제직들이 기도하고 나서 당집을 헐어버리기로 하였다. 마을에 살던 무당은 급기야 미치게 되었고, 무당의 딸들이 그 터를 교회에 팔게 됨으로 예배당을 당집터 위에다 지을 수 있었다. 그 자리는 지금의 자리가 아니고, 예배당에서 내려다보면 마을 건너편 언덕 아래라고 한다. 이렇게 이곳에 교회가 세워지고 마을의 신앙이 하나로 만들어지는 데는 어려움이 많았다.

또한 기록을 보면서 발견한 것은 이 작은 섬마을의 한 교회에서 15명의 목사를 배출시켰다는 놀라운 사실이다. 사실 이 교회만이 아니라 백령도 출신 목회자들이 얼마나 많은지에 대해서는 이미 많이 알려진 사실이다. 그럼에도 불구하고 기록으로 확인하면서 오묘한 하나님의 섭리를 다시 느낄 수 있었다.

이 교회도 2017년 6월 6일에 설립 100주년 기념예배당 헌당식을 했다. 예배당과 교육관 각 60평과 부속실 25평의 공간을 마련하여 다용도로 사용할 수 있게 되었다. 인구가 줄어들고 고령화되는 상황임에도 이러한 규모의 새로운 공간을 마련하는 믿음은 참으로 귀한 일이고 후손들을 위한 눈물겨운 헌신이다.

사곶교회

화동교회에서 나와 사곶 방향으로 달리다보면 백령도의 명승지 콩돌해변이 나온다. 잠시 들러서 쉼을 얻을 수 있으면 좋겠다. 남해안에는 더러 형성되어있는 조약돌 해변을 만날 수 있지만 서해안에서는 거의 찾아볼 수 없는 유일한 곳이다. 조약돌 해변에서만 경험할 수 있는 파도 소리는 감성에 젖어들기에 충분하다. 신발도 벗어 놓고 조약돌에 부딪히는 파도소리와 함께 걸어보는 것은 심신의 쉼을 더하게 해준다. 잠시 조약돌 위에 앉자 바다 건너편에 잡힐 듯 떠있는 대청도는 한 폭의 동양화 같다. 여행 중에 쉼이 필요한 사람에게 여기 콩돌해변을 적극 추천하는 바이다.

콩돌해변에서 다시 사곶을 향해서 가자면 왼쪽으로 꽤나 큰 호수가

사곶교회

이봉우 목사

보인다. 이것은 간척사업으로 만들어진 인공 담수호다. 얼마를 더 가면 인공호수를 만들어주고 있는 제방과 수문을 만나게 된다. 교량의 이름이 거창하다. 백령대교라는 명패를 달고 있는 교량 역할을 하고 있는 수문이 지만, 대교일 수 있는 것은 백령도에는 큰 하천이 없기에 유일한 다리이 기도 한 셈이다. 하지만 아무리 보아도 대교(?)일지 …. 어떻든 대교를 지나 제방을 따라 건너편 끝에 이르면 우측으로 열려있는 소로가 있다. 이곳으로 우회전하여 돌아나가면, 이내 사곶교회 예배당 건물이 보인다. 새롭게 지어진 건물이지만, 내가 가야할 곳이 어딘 지를 알려주고 있는 것이다. 콩돌해변에서 거의 5km를 지나야 하는 곳이니 백령도가 꽤 큰 섬인 것은 분명하다.

새롭게 지어졌기 때문에 옛스러운 정취를 느낄 수 있는 여유가 없다는 것은 아쉬웠다. 한편으로는 낙도에서 이렇게 번듯한 예배당을 마련할 수 있는 이 공동체의 신앙이 보여주는 저력을 느낄 수 있었다. 역사를 찾아 나선 사람으로서 할 말이 아니지만 그렇게 위로를 삼는 것이 현실적인 것이라고 언제부터인가 생각하게 되었다.

사곶교회는 그 시작이 역시 백령도의 모교회인 중화동교회와 관계를 가지고 있다. 현재는 제방이 생겨서 바로 가로질러 갈 수 있지만, 옛날에는 섬 안쪽으로 돌아가야 했기에 꽤나 먼 길 이었다. 기록에 의하면 약 15km, 그러니까 사십리 길이었다. 새로 난 길을 따라가더라도 8km가 넘는 거리인데 교통수단도 없었던 당시에 이곳에 교회를 세웠던 초기의 신자들은 중화동까지 사십리 길을 걸어서 신앙 생활을 했던 것이다.

이 마을 사람들 가운데 김영희(金永希), 김잔돌(金殘突), 김장립(金將立), 안중기(安仲基), 김흥준(金興俊), 김윤광(金允光), 김창길(金昌吉)과 같은 사람들이 자원하여 예수님을 믿기로 하고 4년 동안을 중화동교회까지 오가면서 신앙을 지킨 것이 이곳에 교회가 세워지게 되는 직접적인 동기이다. 이들이 중심이 되어서 1905년 9월 15일 이곳 예배당을 마련하고

사곶교회 종탑   교회의 역사를 기록한 벽화

(초가 3칸) 교회 설립을 하게 되었다고 한다.[181] 이렇게 해서 백령도에 두 번째 교회로 설립되었던 것이다.

1900년대 초에 이곳에 예배당은 없었지만 이미 신자들이 생겼고, 그들은 먼 길을 마다하지 않고 중화동교회를 다녔다. 구원의 길을 찾은 다음 그것을 포기할 수 없었던 이들은 결국, 자신들의 마을에 교회를 설립하기에 이른 것이다. 물론 중화동교회에서 분립하는 형식이었다. 지리적으로 사곶은 섬의 동쪽 끝이고, 중화동은 서쪽 끝에 있다. 당연히 오가는 길이 좋았을 리 없다. 그럼에도 불구하고 복음을 깨달은 그들은 4년이라는 세월 동안을 중화동을 찾아야만 했을 만큼 강한 은혜의 힘에 이끌렸으며, 이곳에 교회를 세워야만 했던 것이다. 참으로 귀한 일이었던 것을 충분히 상상하게 된다.

이렇게 세워진 사곶교회도 많은 주님의 일꾼을 배출시켰다. 상세하게 자료화 된 것은 없지만, 전해들을 수 있는 것만으로도 충분히 짐작이 되었다. 다만 그러한 자료가 만들어져 있다면 하는 아쉬움이 답사자로서는 끝내 마음의 짐으로 남겨졌다.

간단한 연혁으로 확인할 수 있는 것은 초창기 교회가 설립되고 얼마 동안은 엄청난 속도로 교세가 확장되었다고 한다. 1913년에 예배당을 6

---

181 이찬영 편, 〈황해도교회사〉, 황해도교회사발간위원회, 1995, p.582

칸으로 증축을 했고, 다시 1938년에 12칸으로 확장을 계속해갔다. 일제 말기인 1940년에 처음으로 장로를 세웠던 것으로 보아서 박해의 어려움 속에서도 신앙을 지켰던 신앙의 선조들의 모습도 그려볼 수 있다.

또한 이 교회는 일제 말기 교회에 대한 박해가 가해졌을 때에도 교회와 신앙을 지키기 위해서 저항한 모습을 찾아볼 수 있다. 예를 들어서 예배당을 징발해서 군수물자를 만드는 공간으로 사용하려고 할 때 김흥준을 중심으로 강력하게 저항함으로써 끝내 예배당을 예배하는 공간으로 지킬 수 있었다. 교회의 종도 떼어간 것을 알고 김병준 장로와 김흥준 성도가 쫓아가서 결국 다시 찾아오기도 했다. 그런가 하면 6.25사변 중에도 예배를 지키면서 극복했다는 기록은 참으로 놀라운 일이다.

사곶교회가 백령도의 두 번째 세워진 교회로서 중화동교회와 합력해서 이 섬의 복음화와 교회가 감당해야 할 본분에 충실하려는 노력에 기꺼이 동참하면서 오늘에 이르기까지 많은 일들을 감당하고 있다. 특별히 지난 2016년에는 교회설립 100주년 기념교회를 머나먼 필리핀 선교지에 세우고 하나님께 봉헌을 하였다.

대청도 · 소청도

백령도는 인천에서 뱃길로 228km의 먼 길을 가야 도착할 수 있는 곳이다. 가는 길이 바닷길이지만 접경지역이기 때문에 인천의 연안부두를 출발한 여객선은 일단 외해로 나가서 북쪽으로 향한다. 쾌속선으로 3시간여를 달리면 안내방송이 나온다. 곧 소청도에 도착한다는 멘트이다. 잠시 하선과 승선의 과정이 있은 후 곧바로 출발한다. 다음에 도착하는 곳은 이웃해 있는 대청도이다. 역시 하선과 승선이 있은 후 다시 출발하면 20여분이면 도착하는 곳이 백령도이다. 이렇게 백령도는 고도이지만 이웃한

대청면 관광 안내도

대청도, 소청도와 함께 있어서 그나마 덜 외롭다.

　세 개의 섬은 황해도 서쪽 바다에서 가장 먼 곳에 자리하고 있으면서 중국의 산둥반도와도 가장 가깝다. 하여 아주 오랜 과거에는 중국과의 교류가 있었다는 이야기들이 전해 내려오기도 한다. 그만큼 먼 곳이라는 의미이며,

| 대청도의 교회

고도인 만큼 때가 묻지 않은 자연환경이 아름답게 보존되어있다. 따라서 그곳에 살고 있는 사람들이 만들어 온 역사와 문화는 아름다운 환경과 함께 지나칠 수 없는 곳이기도 하다.

　백령도를 답사한 후에 백령도와 이웃하고 있는, 그러면서도 백령도와는 많이 다른 모습과 환경을 가지고 있는 대청도와 소청도를 찾아보는 것은 필수 코스이다. 백령도를 찾았다면 돌아오는 길에 꼭 들러서 오기를 권하면서 소개하려고 한다. 특별한 신앙의 유산이나 유적을 소개할 수는 없지만, 그곳에도 일찍이 신앙의 공동체가 있었고, 지금도 신앙으로 삶의 현장을 가꾸고 있다.

　이 섬에 전해지는 신앙의 역사는 백령도로부터 이어지지만, 마을마다 교회가 있다는 것도 백령도와 같다. 백령도만큼 기독교 신자들의 밀도가 높은 것은 아니지만 이곳은 이곳대로 신앙을 중심으로 하는 지역사회의 모습이 있다. 선착장에 들어서면서 포구의 언덕에 자리하고 있는 예배당의 모습이 제일 먼저 눈에 들어오는 것은 백령도에서는 경험할 수 없는 광경이다. 이곳은 선착장과 마을이 이어져있기 때문이다.

　백령도에서 아침 첫 배로 인천행 배에 몸을 싣고 불과 20여분이면 대청도에 닿을 수 있다. 백령도 쪽에서 대청도를 보면 백령도의 밋밋한 모

습과는 달리 뾰족한 섬의 생김새가 해무 위에 머리를 내밀고 있다. 20여 분만에 닿을 수 있는 곳이기에 출입문 쪽에 앉았다가 이내 내릴 수 있었다. 이른 아침이지만 한여름의 더위는 땀을 흐르게 했다. 짐을 챙겨서 배에서 내리니 멀리 언덕 위에 예배당 건물이 보인다.

대청도는 백령도와는 지척이지만 인천으로부터는 인천에서 동해 바다까지 가는 거리만큼이나 멀다. 그래도 뱃길이 좋아져서 4시간 남짓이면 갈 수 있게 되었다는 것만으로도 위로를 받을 수 있다. 대청도는 백령도와는 전혀 다른 환경이다. 백령도는 주로 농업을 하는 섬이라면 대청도는 전형적인 어업을 중심으로 하는 섬이다. 섬 인구의 3%정도만이 농업을 하고 있고 나머지는 대부분 어업으로 살아간다. 그런 만큼 선착장에 내리면 고깃배들이 즐비하다. 아울러서 작지만 선착장에는 많은 배들이 고기잡이 채비를 하고 있음을 알 수 있다.

이 섬에서 유명한 어종은 홍어다. 1980년대까지만 하더라도 서해안의 명물로 소문났던 홍어가 많이 잡혔기에 섬사람들의 수입도 괜찮았다. 그때처럼 많이 잡히지는 않지만 지금도 여전히 명맥은 잇고 있다. 그리고 전복, 성게, 해삼, 꽃게, 흑염소는 이 섬을 찾는 이들의 미각을 돋우는 특산물이다. 필자는 한 끼의 식사를 해결하기 위해서 식당에 들렀다가 주인아주머니의 큰 인심으로 성게 요리를 맛볼 수 있었다. 해산물들은 모두 청정해역에서 나는 것들임을 알 수 있다. 그만큼 대청도의 자연이 좋다는 이야기이다.

대청도의 역사는 깊다. 기록에는 조선 태종 6년(1406년)에 이미 백령진에 편입되었으며, 그 이전 고려 충렬왕 때는 원나라의 순제(順帝)가 근친 일백호를 데리고 이곳에 귀양살이를 했다는 기록이 있다. 그래서인지 섬 안의 역사가 구전으로 지금까지 전해져오는 것도 생생하다. 이곳 섬사람이라면 누구나 자신들이 지켜보았던 사실처럼 이야기를 해준다. 그만큼

대청도 선착장 일출

폐쇄된 공간에서 확실하게 전승되고 있는 이야기이기 때문에 사실이었을 것이라는 생각을 하게 된다. 또한 이곳에는 닮은꼴의 지명이 여럿 있다. 그러한 지명은 아무데나 붙일 수 없었다는 사실과 함께 지금까지 그 존재를 확인시켜주고 있다. 즉 남산과 삼각산이 그것이다. 남산과 삼각산이라는 지명은 반드시 임금이 있는 곳에만 사용할 수 있는 이름이다.

전혀 상상할 수 없는 서해의 고도 대청도에 그러한 지명이 있을 뿐만 아니라 당시에 사용되었던 궁궐터가 있다는 것도 지나칠 수 없는 사실이다. 지금 대청초등학교가 사용하고 있는 터가 당시의 궁궐자리라는 것이다. 이 섬에서 가장 조용하고 바람과 파도를 피할 수 있는 양지바른 곳이며, 유일하게 농사를 할 수 있는 곳이기도 하다. 약 12.6km²밖에 안 되는 작은 섬에 유배지이긴 하지만 궁궐터가 있다는 것은 지나칠 수 있는 것이 아니다. 어떻든 신석기시대로부터 사람이 살았을 것이라는 이야기지만 서해의 섬들 가운데 결코 빼놓을 수 없는 자연환경을 가지고 있는 섬인 것만큼은 분명하다.

대청도를 소개하면서 어쩌면 기독교 유적이라는 본래의 목적에서 크게 이탈하는 것이 아닌가 하는 생각을 하면서도 끝내는 필자의 연필을 스스로 바꿀 수 없을 만큼 남기고 싶은 것들이 대청도에는 살아있다. 찾는 이들이 적어서 아직은 사람들의 발자국조차 찾기 힘들기에 하나님의 창조적 솜씨를 확인할 수 있는 곳이라는 점을 강조하고 싶다.

선진교회

선진교회는 대청도 선착장이 내려다보이는 언덕에 자리하고 있다. 배에서 내리면 바로 언덕 위에 십자가를 높이 세우고 있는 예배당이 보이기에 찾아 올라가면 된다. 필자가 찾았을 때에 선진교회의 모습은 새 옷을 갈아입고 있는 상황이었다. 예배당 건물이 보이지 않을 만큼 공사를 위한 설치물이 많이 세워져 있었다. 그 덕에 사진을 찍을 수 없었다. 그리고 공사하시는 장로님도 평소에 잘 알고 있는 분이었기에 그곳에서의 만남은 특별했다.

교회가 있는 위치가 선착장은 물론 마을 전체를 내려다 볼 수 있는 곳이기에 전망이 꽤 좋은 곳이다. 섬 마을의 고요함과 가끔씩 들려오는 뱃

선진교회

류영달 목사

고동소리가 섬의 정취를 물씬 느낄 수 있기에 좋다. 마치 교회의 품에 마을 전체가 안겨있는 것 같은 형상을 하고 있기 때문이다. 멀리 북한 땅을 바라다보면서 한가로이 오가는 물새들과 아랑곳하지 않고 고기잡이를 하고 있는 바다 풍경은 꽤나 한가롭기까지 하다.

하지만 답사자로서 아쉬운 것은 이곳에 복음이 전해진 역사와 그 과정을 알 수 있는 길이 없었다는 것이다. 정확하게 언제 어떻게 이 교회가 시작되었는지는 알 수 없고, 다만 1930년경에 설립되었다는 이야기가 전해오고 있을 뿐이다. 아무래도 이웃한 백령도에 복음화가 이루어지면서 복음이 전해졌을 것이고, 교회가 세워지면서 백령도에 먼저 설립된 교회들의 도움과 지도자들의 역할이 있었을 것이라는 생각을 할 수 있다.

옥죽동 사구(沙丘)

대청도의 순환도로는 하나밖에 없다. 부두에서 선진동을 바라보고 우측 길을 따라가면 선착장과 잇닿아 있는 해변이 있다. 그것이 답동해변이다. 완만한 경사면이 넓게(300m) 펼쳐있다. 답동해변을 우측으로 바라보면서 길을 따라 오르노라면 선진동 전체를 내려다 볼 수 있는 언덕 위에 서게 된다. 언덕에서 잠시 선착장과 선진동 일대를 바라보면서 가깝게 있는 소청도와 멀리 보이는 북녘 땅을 함께 조망할 수 있는 기회를 가져보는 것도 특별한 장면이다.

언덕을 넘어서면 이번엔 백령도가 한 눈에 들어온다. 그리고 발아래 아무 것도 살지 못할 것 같은 절개지와 풀 한포기도 없는 모래언덕이 눈에 들어온다. 언덕을 내려가 우회전해서 소나무가 즐비한 길을 잠시 지나고, 다시 우측을 보면 언덕에서 내려다보았던 사구를 만난다. 바로 우리나라에 유일하게 있는 작은 사막이다. 이곳에 섬이 생긴 이래로 중국으로부터 불어오는 바람에 실려서 날아온 모래들이 더 가지 못하고 이 언덕에

옥죽동 모래 사막

쌓이고 쌓여서 이루어놓은 사구가 장관이다. 그리고 밤새 바람에 의해서 만들어지는 연흔(漣痕)은 넓이에 있어서 사하라의 그것과 견줄 수 없지만 사구에서 느낄 수 있는 것으로서는 최고의 장관이다. 발을 벗고 잠시지만 사막을 횡단하는 기분을 느껴보는 것도 이곳에서만 체험할 수 있는 특별함이다. 이곳을 찾는 여유를 가질 수 있다면, 계절에 따라서 다르겠지만 여름이라면 반드시 맨발로 걸어보길 권한다. 이 모래언덕의 크기는 가로 2km 세로 1km이다. 숫자로만 보면 작아 보이지만, 이 섬의 크기를 생각하면 결코 작은 것이 아니다.

그러나 아쉬움이 없는 것은 아니다. 사막화하는 것을 막기 위하여 언제인가부터 조림사업을 하여 바람이 실어오는 모래들이 이곳까지 이르지 못하므로 사구가 없어지고 있다는 것이다. 안내를 했던 이곳 토박이의 말은 그것을 금방 확인할 수 있다. 그가 어렸을 때는 하룻밤 사이에 모래언덕이 뒤바뀌기도 하고 모래의 움직임은 물론 깊이를 알 수 있을 만큼 많이 쌓였는데, 지금은 그렇지 않다는 것이다. 그리고 사구 아래는 논이 만들어져서 지금은 농사를 짓는데 과거에는 논자리도 모래밭이었다는 증언이다. 사구의 가치를 전혀 알지 못했던 시대에는 사구를 없애고 그 땅을 활용할 수 있는 것이 우선이었겠지만, 지금에 와서 생각하면 백령도에 사곶 비행장이 없어져 가는 것과 같은 아쉬움이 든다.

옥주포교회

모래언덕에서 내려와 멀리 바라다 보이는 바닷가에 마을이 있고 마을과 함께 교회가 보인다. 불과 몇 백 미터밖에는 되지 않는다. 차로 움직인다면 2분 거리다. 이 마을이 본래 이 섬의 중심이 되는 마을이고 가장 오래된 마을이다. 대청도의 옛 사람들은 거의 이곳에 터를 잡고 살아왔다. 물론 어업을 기반으로 하는 생활이고, 마을의 뒷산인 삼각산 쪽으로 골짜기에 손바닥만한 논이 조성되어 있기에 뱃일과 식량을 얻기 위한 일이 가능했던 곳이다. 그리고 비교적 바다가 얕고 작은 배들이 접안하기가 용이하다. 그래서 지금도 많은 사람들이 이곳에 살고 있으면서 어업을 계속하고 있다. 모래언덕과 이어지는 곳이라 주변이 황량하게 보이기는 하나 옥죽동의 해변은 아름답기가 그지없다. 멀리 북한 땅을 수평선에 올려놓은 풍경과 함께 펼쳐진 해변은 정말 아름답다. 깨끗하다. 감탄이 절로 난다. 헤밍웨이가 이곳을 알았더라면, 이곳에 별장을 짓고 어떤 작품인가를 남

옥주포교회

조동진 목사

기지 않았을까. 그리고 피카소가 이곳을 알았다면, 그의 삶 전체를 이곳에서 보내지 않았을까?

이 섬에서 이곳이 작은 마을이 되고 선진동이 중심이 된 것은 일제시대라고 한다. 일본이 선진동에 접안시설을 만들고 큰 배들이 접안할 수 있게 되면서 외지와의 길이 열리고 수산업의 중심으로 자리하면서 인구의 이동이 자연스럽게 선진동 쪽으로 이루어졌다는 것이다.

마을 입구에 자리하고 있는 옥주포교회는 아담하다. 인구가 줄고 수입원이 제한된 곳인지라 자립이 어렵다. 하지만 이곳에 살고 있는 꾸밈없는 사람들과 함께 하는 신앙의 공동체임을 알 수 있다. 이 교회는 1984년 1월 1일에 설립된 것으로 알려져 있다. 이 마을에서 이웃한 내동교회로 다니면서 신앙 생활을 하던 이성하, 김정율 집사를 비롯한 20여 명이 분립하여 강명성 집사의 집에서 첫 예배를 드리면서 시작되었다. 그리고 그해 10월에 대지(50평)를 구입하여 예배당을 마련했고, 이듬해인 1985년 1월에 입당예배를 드림으로써 옥주포에 새로운 교회의 역사가 시작되었다. 현재의 예배당은 2003년에 새롭게 지은 것이다. 교회가 설립된 이래로 이 지역에서 복음을 전하는 일과 함께 지역사회를 이끌어가고 있다. 현재는 제7대 목회자로 2017년에 부임한 조동진 목사가 목회를 하고 있다.

내동교회

옥죽동에서 들어왔던 길을 돌아나가 1km 남짓 가면 대청도의 중심이라고 할 수 있는 내동마을이 있다. 그곳에 초등학교와 중고등학교까지 모두 있고, 그 옆에 내동교회가 있다. 이곳은 대청도에서 비바람에 가장 안전한 곳이고, 비록 좁지만 유일하게 평지가 있어서 농사를 할 수 있는 곳이기도 하다. 쌀이 귀했던 시대에는 정말 금싸라기 같은 농지가 있었던 곳이다. 지금도 비닐하우스를 짓고 특용작물을 재배함으로 소득을 올리고 있다.

내동교회

최영권 목사

　이곳에 내동교회가 설립된 것은 1955년으로 알려져 있다. 설립년도로 보아 6.25사변이 끝난 후 황해도 본토로부터 피난민들이 많이 건너왔을 것이고, 그들이 산길을 넘어 선진교회까지 왕복하면서 신앙 생활이 불편했을 것이라는 추측이 가능하다. 일부는 이곳의 주민들 가운데 신자들이 있었지만 소수가 새로운 교회를 설립하는 것이 어려웠을 것인데, 새로운 신자들이 더하여지면서 새롭게 교회를 세우게 된 것이 아닌가 하는 추측을 해본다.

　교회는 새롭게 시작되었지만 교역자들이 절대 부족하던 시대, 또한 고도이면서 접경지대, 게다가 교통까지 불편한 이곳에 교역자를 청빙한다는 것은 쉽지 않은 일이었다. 따라서 사실상 담임교역자가 없이 이웃 섬인 백령도 교회들의 도움과 지도자들의 헌신으로 이 교회가 세워져 올 수 있었다. 즉 백기선 장로(진촌교회), 이찬영 장로(중화동교회), 김형찬 장로(화동교회), 허간 목사(중화동교회), 전응선 장로(중화동교회), 허응숙 목사(진촌교회), 김윤성 장로(사곶교회), 장응열 집사(화동교회), 변신보 집사(사곶교회) 등이 내동교회에 와서 사실상의 목회를 하면서 교회를 돌보았다. 대부분 장로와 집사들이었다는 것을 보아 그들의 헌신이 참으로 귀했다는 것을 알 수 있다. 또한 그들 가운데는 훗날 목사가 되어서 목회자로서 많은 사역을 한 이들도 있다. 현재는 최영권 목사가 1994년에 부임해서 목회를 하고 있다.

실로암교회

내동교회에서 남서쪽으로 열린 고갯길을 넘자면 가파르다. 하지만 현재는 순환도로가 포장까지 되어 있어서 자동차로 움직이면 어렵지 않다. 고갯마루에 올라서면 대청도에서 경험할 수 있는 최고의 경치가 눈앞에서 펼쳐진다. 내리막길은 깊은 계곡으로 내닫게 한다. 그만큼 산이 높고 골이 깊은 곳인데 내려서면 아늑한 골짜기에 작은 마을이 있다. 하지만 마을에 들어서기 전에 펼쳐진 백사장이 먼저 반긴다. 평소에 찾는 사람이 없는 해변이기에 깨끗하고 주변에 손때 묻지 않은 노송이 가득한 자락에 이어진 해변은 우리의 발걸음을 옮기게 한다.

다시 마을로 이어지는 길을 따라 자락을 따라 올라가면 작은 예배당이 있다. 실로암교회다. 교회의 역사는 깊지 않다. 이곳이 고향인 이용남 목사는 고도이면서도 섬에서 가장 외지고 깊은 골짜기에 비록 몇 집이 없지만 교회가 있으면 좋겠다는 소원을 가지고 있었다. 그가 육지에 나가

실로암교회와 사탄동 전경

조승연 목사

성결대학교에 진학하여 목회자로서 꿈을 키우던 당시 서울 등촌제일성결교회의 강의구 목사를 찾아가서 자신의 고향인 이곳에 교회를 세워줄 것을 간청했다. 그후 등촌제일교회는 현지답사를 왔다가 풍랑으로 뱃길이 열리지 않아 한 주간 동안이나 이곳에 갇혀있어야 했다. 주일을 맞아 이곳에서 예배를 드려야 했고, 주민인 정의환 집사가 대지를 기부하기로 함으로 등촌제일교회는 예배당을 지어 이곳에 교회를 세우게 되었다. 그리고 이용남 목사(당시 전도사)는 이 교회의 1대 담임자로 부임하여 공동체를 이끌었다.

지금은 일주도로가 만들어졌고, 자동차도 있어서 왕래가 그리 어렵지 않지만 차가 없었던 당시에는 이곳 주민들이 신앙생활을 한다는 것은 사실상 불가능했다. 올해로 창립 30주년을 맞은 실로암교회는 이곳 사탄동의 노아의 방주처럼 언덕에 고즈넉하게 자리한 채 들고 나는 이들, 지나는 길손들에게까지 여유와 평화를 나누어준다. 현재는 2013년에 부임한

대청동 독바위

조승연 목사가 이 교회를 섬기고 있다.

실로암교회 옆으로 이어지는 일주도로를 따라서 언덕을 오르면 대청도 1경이라고 할 수 있는 풍광을 조망할 수 있는 곳들이 이어진다. 전망대에서 바라보는 서풍받이, 시간이 된다면 서풍받이까지 걸어서 다녀오는 것을 강력 추천한다. 우리나라 해변 어디에서도 경험할 수 없는, 잠시 아일랜드나 스코트랜드 어디쯤에서나 경험할 수 있을 법한 풍광이 그곳에 있기 때문이다. 그리고 언덕에서 동쪽으로 내려다보이는 독바위 해안의 바닷물과 그 빛깔은 지중해를, 에게해를 연상하게 한다.

소청교회

서해의 최북단에 있는 섬들을 대청군도라고 일컫기도 한다. 이 섬들 가운데 가장 큰 것이 백령도, 그 다음이 대청도, 막내에 해당하는 것이 소청도이다. 섬의 크기로만 말하자면 소청도의 너더댓배가 대청도, 대청도의 너더댓배가 백령도라고 할 수 있을 만큼 섬의 면적이 차이가 난다. 그럼에도 대청군도라고 일컫는 것은 왜일까? 그것은 대청도가 면적으로는 상대적으로 적지만 일제강점기에 이 지역의 어업중심지 역할을 하면서 경제와 행정의 중심이 되었기 때문에 그렇게 불린 것이 아닐지.

소청도에 가까워지면서 제일 먼저 반기는 것은 등대다. 세 섬 중에서 가장 아름다운 등대이다. 인천의 연안부두를 떠난 배가 외해를 지나 대청군도에 들어서면서 제일 먼저 반겨주는 것이 이 등대이다. 이 등대의 역사는 우리나라 등대들 가운데 비교적 초기에 만들어진 것이기도 하다. 1908년에 설치되었으니 소청도 등대는 올해로 112살이나 되었다. 여행자에게 있어서 등대는 호기심과 함께 가까이 가서 잠시라도 기대고 싶은 마음을 갖게 한다. 그래서인지, 소청교회에 도착하면 비록 한 시간 정도 걸리지만 소청도 등대를 향해서 자연스럽게 발걸음이 옮겨진다.

소청교회 현재

이철화 목사

　소청부두에서 내려 마을을 지나 가장 높은 곳까지 이르면 비로소 소청교회이다. 붉은 벽돌로 지어진 예배당은 마을과 부두를 내려다볼 수 있는 곳에 자리하고 있다. 이곳에는 생활환경과 자녀들의 교육 때문에 주민들이 많이 떠나고 2020년 현재 약 240명이 살고 있다. 인구는 많이 줄었지만 섬주변의 해안이 천연기념물(508호)로 지정되어 있을 만큼 독특하고, 희귀한 생명체에 의해서 형성된 곳이기에 관심을 모은다.

　이 섬에 교회가 세워지는 것은 백령도와 대청도에 비하면 많이 늦다. 교회가 세워지기까지는 많은 시간이 걸렸지만 복음의 전래와 그리스도인의 왕래는 훨씬 일찍부터 있었다고 할 수 있다. 그렇지만 소청교회가 세워지는 것은 가장 어려웠던 6.25사변이 한창이던 1951년이다. 그러면 어떻게 이때 이곳에 신앙공동체가 형성되었을까? 전쟁이 한창인 상황에서 피난과 대피가 필요했고, 그 과정에서 백령도에 살던 사람들이 소청도에 정착하게 되었다. 또 한편으로는 황해도에서 피난길에 나선 이들이 일단 인근의 섬, 기린도나 창린도를 거쳐서 여기 소청도까지 나오기도 했다. 그들 중에 역시 그리스도인들이 있었다.

이렇게 전쟁으로 인해서 이 섬으로 찾아든 사람들 가운데 그리스도인들이 있었다. 그들이 소청도에 머무는 동안 주일을 맞게 되었고, 예배를 들여야 한다는 절심함이 신앙을 가진 사람들을 서로 확인하게 되었다. 이러한 사람들이 1951년 3월 김상원의 사랑방에 모여서 예배를 드린 것이 소청교회의 시작이 되었다. 이때 예배를 인도한 이는 문헌소 장로이다. 다만 이 문 장로가 누구인지에 대해서는 알 수가 없다. 혹 황해도에서 피난길에 나섰던 사람이 아닐지?

이렇게 예배공동체가 형성된 다음 예배처소가 필요하게 되었고, 이듬해인 1952년 4월부터는 마을의 공회당을 빌려서 최원유 집사가 예배를 인도하면서 공동체를 유지했다. 2년을 공회당에서 예배를 드리다가 휴전 이후인 1954년에 주택을 한 채 마련해서 예배당으로 개조를 하여 사용하게 되었다. 그리고 1956년에 목사는 아니지만 사실상 목회자로 부임하여 예배를 인도한 이는 손인찬 집사였다. 1961년 4월 새롭게 예배당을 건축하였으며, 1962년 3월에는 영수를 3명(박영옥, 노경업, 장상길) 임명하여 예배와 교회를 관리하게 했다.

어려운 환경에서 예배공동체가 만들어졌지만 처음부터 교역자를 청빙할 수도, 청빙하더라도 이 낙도에 부임할 수 있는 교역자도 만만치 않았기 때문에 사실상 목회자가 없이 구성원들 스스로가 예배를 드리면서 교회를 형성하고 있었다. 영수로 임명을 받은 세 사람이 중심이 되어 예배를 인도하던 중, 1964년 최치우 장로(화동교회), 1965년 김호서 장로(연지교회)가 각각 백령도로부터 소청교회를 위해서 내도(來島)하

소청도 선착장

여 예배를 인도하면서 공동체를 이끌었다. 그리고 1966년 육지로부터 김천 전도사가 부임해서 얼마동안 교회를 돌보았고, 그 후 역시 육지로부터 부임한 1968년 김윤성 장로를 비롯해서 강동희, 이경환, 이창주 전도사가 예배를 인도하면서 교회를 지켰다.

이렇게 목회자가 없는 현실에서도 소청교회는 하나님이 기뻐하시는 공동체로 세워져갔다. 그 과정에 박영옥 영수가 장로로 장립(1963년 10월 20일)을 받은 후 예배당을 개보수하기 위한 자재를 구입하기 위해서 인천으로 나가야 했는데, 여객선의 출항 예정이 주일이었기 때문에 장로가 주일을 지키지 않고 갈 수 없었다. 그런데 마침 토요일 새벽 4시에 출항하는 화물선이 있어서 선장의 허락으로 승선하여 나가던 중 비읍도 부근에서 풍랑을 만나 난파됨으로 박영옥 장로는 실종되고 말았다. 이러한 사실은 목회자도 없는 상황에서 교회를 세우기 위한 당시의 교우들의 열정과 박영옥 장로의 희생이 얼마나 귀한 것인지, 그 역사를 잇고 있는 소청교회의 교우들은 감사하고 자랑스럽게 생각하고 있다.

그 후에도 많은 시간이 지난 1984년에 이르러서 김동문 목사가 처음으로 담임 목회자로 부임을 했다. 공동체가 시작된 후 33년이나 지나서였다. 이때 소청교회의 신자들은 감격할 수밖에 없었을 것이다. 오랜 세월 동안 공동체를 형성하고 있음에도 정작 목회자가 없었기에 성례전을 제대로 시행하지도 못했고, 교회의 행정절차나 의식을 백령도의 교회와 목회자들의 도움을 받아야 했기 때문에 마음의 시름도 많았을 것이다. 김동문 목사가 부임한 후 1985년 6월에 새로운 예배당을 건축하고, 헌당식과 함께 안수집사와 권사를 장립했다.

1992년 1월 첫 주일에 변정문 전도사가 담임으로 부임했고, 변 전도사는 목사 안수를 받은 다음 2008년 은퇴할 때까지 소청교회를 담임하면서 섬겼다. 변 목사가 재임하는 동안 주택과 교회 부속건물도 새롭게 마련했고, 장로와 안수집사, 권사를 세웠다. 2008년 변정문 목사가 은퇴한

소청도 등대

후 2009년 5월에 현재의 담임인 이철화 목사가 부임하여 소청교회를 섬기고 있다.

한 때 이 섬에는 많은 주민이 정착해서 살았다. 작은 섬이지만 1천여명의 주민이 살면서 교회와 주일학교가 주민들의 미래를 이끌었다고 할만큼 활성화되기도 했다. 자연히 많은 헌신자들이 배출되었고, 교회를 통해서 꿈을 키울 수 있었다. 실제로 이 교회에서 배출한 목회자나 장로, 권사, 집사들이 인천을 비롯해서 육지의 여러 곳에서 섬김의 삶을 살고 있다.

주민이 가장 많았을 때와 비교하면 현재는 불과 4분의 1 정도밖에 안되는 적은 주민이 살고 있다. 지난해까지 한 명의 초등학생이 있었으나 금년에는 그 아이마저 육지로 나가고 마니 분교마저도 문을 닫은 상태이다. 다음 세대를 이어갈 아이들이 없는 섬, 그만큼 고령자들이 주민의 대부분인 상황이지만 이철화 목사를 중심으로 지역복음화와 주민들을 섬기는 아름다운 교회를 이루고 있다.

최근에는 고향이 그리워 말년의 생활을 위해 돌아오는 이들이 더러 있고, 혹 귀어(歸漁)를 목적으로 찾아오는 이들이 있어서 섬의 분위기가 조금씩 생동감이 생기는 형편이라서 이철화 목사는 고무적인 현상으로 생각하면서 목회에 열정을 갖고 있다. 한편 이철화 목사는 소청도에 주둔하고 있는 해군 장병들을 대상으로 하는 사역도 목회로 생각하여 복음을 전하는 것은 물론 상담사 자격을 가지고 상담을 하면서 부대생활을 잘할 수 있도록 돕고 있다. 뿐만 아니라 그들의 신앙생활을 위해서도 적극적인 활동을 하면서 잠시 군생활을 한 소청도가 아닌 젊은이들의 평생에 기억되고, 다시 찾고 싶은 섬으로 마음에 새겨지기를 바라는 마음으로 장병들을 섬기면서 지역의 발전을 위해서도 힘쓰고 있다.

섬마을 전체를 돌아보는 데 걸어서 두서너 시간이면 족할 만큼 작지만 앙증맞은 작은 백사장을 잊을 수 없는 아름다운 섬이다. 등대까지 가는 길은 소청도의 1경이라고 자부한다. 등대에서 바라보는 바다 정경은 결코 잊을 수 없는 장면이 될 것이다.

Chapter

07

부 록

연표

본문 용어 해설 및 참고문헌

연표(年表)

1801~1902

1801	순조 즉위
	신유사옥 발생(황사형 백서 사건)
1811~12	홍경래의 난
1816	맥스웰 대령과 바실 홀 중령 조선에 옴
	(클리포드 대위 백령도에서 선교 활동)
1832	귀츨라프 목사 고대도 등 조선 서해안 선교
	(백령도 중화동 포구 정박)
1835	헌종 즉위
1836	프랑스 모방 신부 조선 입국
1837	프랑스 앵베르 주교와 사스땅 조선 입국
1939	기해사옥 발생
1845	김대건 신부 조선 잠입 및 순교
1850	철종 즉위
1862	진주민란
1863	고종 즉위

1865	토마스 목사 1차 조선 선교
	(백령도 두무진 포구 기착)
1866	토마스 목사 2차 조선 선교 및 순교
	(백령도 중화동 포구 기착, 평양에서 순교)
	병인박해 발생
	병인양요 발생
1867	콜벳 선교사 조선 선교
1868	마티어 선교사 조선 선교
1871	신미양요 발생
1872	영국 로스 선교사 만주 선교
1874	로스 선교사 고려문 방문
1875	운양호 사건
1876	강화도조약
1878	로스 선교사 만주에서 성경 번역
	(조선 청년들의 도움으로 누가복음과 요한복음 번역)

1882	최초의 한글 성서 누가복음과 마가복음 간행
	한미통상수호조약 체결
	임오군란
	이수정 일본 유학
1883	서상륜 모국전도사로 입국
	요한복음 간행
	이수정 현토한한신약전서 번역
	한영수호조약 체결
1884	로스 선교사 6천 권의 복음서 조선 전달
	(묄렌도르프를 통해 서상륜에게 전해짐)
	마가복음과 마태복음 간행
	미국 북장로교 알렌 선교사 조선 입국
	갑신정변
1885	서상륜, 서경조 형제 황해도 소래에서 복음 전파
	미국 북장로교 언더우드 선교사와 미국 북감리교 선교사

	아펜젤러 입국
1891	허득과 김산철 백령도 당상관의 관직을 받음
1894	동학 발생
1895	갑오경장
	백령진 폐진
	소래교회 교회당 건립
	을미사변 발생(명성황후 시해)
1896	아관파천
1897	고종 대한제국 선포
1898	백령도 중화동교회 창설
1899	백령도 중화동교회당 건립
1900	언더우드 선교사 백령도 중화동교회 방문
	(언더우드 목사 집전으로 7명이 세례를 받음)
1901	한연일 조사 중화동교회에 부임
1902	허득 공 서거

본문 용어 해설 및 참고문헌

모방(Pierre, Philibert,Maubant 1803~1839)

파리외방전교회 소속 신부. 한국에서의 선교 임무를 띠고 1836년 겨울 압록강을 건너 한국에 입국한 최초의 서양인 신부였다. 1839년 충청도 홍주에서 체포되어 한강에서 처형되었다.

기해박해(己亥迫害)

순조(1800~1834) 때에 안동 김씨가 세도(勢道)를 하면서는 김조순(金祖淳)이 시파(時派)였기 때문에 천주교에 대한 탄압이 심하지 않았다. 그동안 중국에 부속되었던 조선교구(朝鮮敎區)가 독립을 하였고, 서양인 신부로 헌종 2년(1836)에 입국한 모방 뒤를 이어, 다음 해에는 샤스땅, 앵베르 등이 들어왔다. 이리하여 천주교의 교세가 적이 떨치려는 기세를 보이었으나 헌종 5년(1839)에 세도정치를 하던 풍양(豊壤) 조씨(趙氏)의 벽파(僻派)에 의하여 탄압이 내려진 결과 세 서양인 신부와 많은 신도가 죽음을 당했고, 이를 기해박해, 혹은 기해교난이라고 한다.

앵베르(Laurent. Marius. Imbert 1797~1839)

파리외방전교회 소속의 신부. 마타오, 월남 등지에서 포교하다가 제2대
조선교구장으로 임명되어 1837년 육로로 조선에 입국했다. 정하상(丁夏祥)의
집에 숨어서 포교하다가 수원(水原)에서 체포되어 기해사옥 때 한강변에서 순
교했다.

병오박해(丙午迫害, 丙午敎難)

1845년 조선에 입국한 김대건 신부는 만주에서 입국의 기회를 찾고 있는
메스트르 신부의 입국을 주선하기 위해 황해도 해안으로 갔다가 등산곶 근처에
서 등산첨사 정기호에게 체포되고 말았다. 그것이 1846년(헌종 12년) 6월 5일
의 일로 이 사건을 계기로 또 한 차례 박해 선풍이 불었다.

김대건과 함께 입국한 페레올이나 다브뤼는 다행히 체포를 면했으나 김대
건 신부를 비롯해 현석문, 남경문, 한이형 등 기해박해 때 살아 남았던 교인들
이 처형당했다. 김대건 신부의 체포를 계기로 일어난 박해를 별도로 병오박해
라 부르나 보통 1839년의 기해박해의 연장으로 보는 것이 일반적인 추세다.

병인박해(丙寅迫害, 丙寅敎難)

1866년(고종 3년) 대원군은 국왕의 이름으로 천주교를 이단으로 배척하
는 윤음을 공포하고 1866년 2월부터 국내에 잠입한 외국인 선교사(12명 가운

데 9명이 처형되었다) 및 교도들에 대하여 대 탄압을 하였다. 대원군은 처음부터 천주교에 반감을 가진 것은 아니었으나, 외국 선박들의 도래로 침략의 위기를 받게 되자 위기의 타개책으로 천주교 박해를 택한 것으로 보인다. 병인박해에 앞서 있었던 다른 박해가 1~2년 사이에 마무리 되었던 데 반해 대원군이 실각할 때까지 무려 8년간이나 계속되었고, 그 범위는 한반도 전역에 미쳤으며, 8년간 순교한 교인 수는 8천~2만 명으로 추산된다. 박해가 길어진 것은 제너럴 셔먼호 사건, 병인양요, 신미양요 등 서양인들과의 무력 충돌이 이어진 데 원인이 있다.

병인양요(丙寅洋擾)

대원군이 천주교를 이단으로 배척하는 윤음을 공포하고 1866년 2월부터 외국인 선교사와 교도들에 대하여 대 탄압을 가하자〈丙寅迫害(병인박해)〉, 북경에 주재하는 프랑스 공사 벨로네는 이에 대응하여 1866년 10월 극동 파견 프랑스 함대 제독 로즈에게 군함 7척에 1,500명의 육전대를 싣고 조선에 쳐들어가도록 했다. 로즈가 이끌고 있는 프랑스 함대는 선교사 살해에 대한 배상, 주무 대신의 처벌 및 통상조약 체결을 요구하면서 강화도로 쳐들어 왔다. 그러나 연안의 방비가 굳건하여 한강을 통해 함대를 서울로 진격시킬 수 없었고, 육로를 통한 진격 역시 신통치 않자 프랑스군은 사기가 떨어져 강화도에서 물러나 중국과 일본의 기지로 물러갔다. 이것이 1866년의 병인양요이다.

신미양요(辛未洋擾)

프랑스에 이어 무력으로 조선을 개국시키기 위해 도전한 것은 미국이었다. 청나라에 주재하는 로오 공사와 해군 제독인 로져스는 상해를 출발, 일본의 나가사끼에서 대포로 무장한 1,230명의 병력을 실은 조선 원정 함대를 편성하였다. 그들은 셔면호를 소각시킨 데 대한 사과를 받고 통상조약을 강요하려 했으나, 본토와 강화도 사이의 좁은 수로에 많은 대포를 설치하고 식량을 비축하며 방비를 굳건히 한 조선군을 맞아 효과적인 군사 행동을 펼칠 수가 없었다. 이에 40일째인 7월 3일 미국 함대는 일본의 기지로 물러가게 되고, 이것이 1871년의 신미양요이다.

샤스땅(Jaques. Honore. Chastan. 1803~1839).

1837년 앵베르를 따라 조선에 입국하여 포교에 힘쓰다가 기해사옥 때 순교했다.

갑신정변(甲申政變)

개화사상(開化思想)을 가진 개화당은 일본의 육군학교에서 훈련을 받고 귀국한 서재필(徐載弼) 등을 행동대로 포섭하고 개화정책을 추진하기 위해 정변을 일으킬 모의를 꾸민다. 이때 일본공사 다케소에는 김옥균 등에게 정변이 발생할 경우 서울에 주둔하고 있는 일본군을 동원하여 적극 원조할 것을 약속했다. 정변은 우정국 개국 축하연을 이용하여 고종 21년(1884)에 단행되었다. 김옥균 등은 청군이 변을 일으켰다고 고종에게 거짓 고하여 일본군의 호위를 청한 후 수구파 대신들을 불러들여 살해하였다. 그러나 서울에 주둔하고 있던 청군이 출동하자, 수가 적었던 일본군은 곧 물러나고 김옥균, 박영효 등은 일본으로 망명하였다.

세도정치(勢道政治)

정조가 죽고 순조(純祖 1800~1834)가 겨우 11세의 어린 나이로 즉위하자 외척세력은 왕권을 완전히 압도하고, 소위 세도정치가 시작되었다. 즉 순조 초에 안동(安東) 김씨(金氏)인 김조순(金祖淳)이 왕비의 아버지로서 정치를 전담하다시피 하였는데, 이에 따라 그의 일족이 크게 영달하여 많은 고위 관직을 차지하게 되었다. 이렇게 천하를 독점하던 안동 김씨의 세력은 풍양(豊壤) 조씨(趙氏)의 등장에 따라 일시 정권을 이양하지 않으면 안 되었다. 그것은 헌종(憲宗 1834~1849)의 어머니가 조만영(趙萬永)의 딸이었기 때문이었다. 이리하여 헌종 때에 들어서는 조씨의 세도가 행해져서, 조인영(趙寅永 : 조만영의 동생)이 영의정이 되고 그밖의 여러 조씨가 많은 고위 관직을 차지하였던 것이다. 그러나 철종(哲宗 1849~1863)이 즉위하면서는 왕비가 김문근(金汶根)의 딸이었으므로 다시 세도가 안동 김씨로 돌아갔다. 이리하여 김흥근(金興根), 金左根) 등이 전후하여 영의정이 되었다.

삼정(三政)의 문란

전정(田政)은 토지의 결수(結數)를 기준으로 하여 받는 각종 세(稅)였다. 군정(軍政)은 정(丁) 1인에 대하여 군포(軍布) 1필씩 징수하는 것이었다. 그 자체로도 적지 않은 양이었지만, 거기에 여러 가지 빌미의 징수들이 따라 농민들은 전정보다 더 곤란을 받았다. 환곡(還穀)은 춘궁기에 가난한 농민에게 국가의 미곡을 빌려주었다가 추수기에 1석(石)에 대해 1두 5승(10분의 1)의 모곡(耗穀)을 가산하여 받아들이는 것이었다. 모곡은 실제로는 이자의 구실을 하는 셈이 되어 빈민 구제를 위한 환곡은 고리대로 변해 그 폐해가 삼정 중 가장 심했다.

홍경래의 난(洪景來의 亂)

1811년 12월에 서북인〈평안도민〉에 대한 지역 차별과 안동 김씨의 세도 정치를 규탄하여, 홍경래를 도원수, 김사용을 부원수로 하는 농민군이 평안도 가산에서 깃발을 올렸다. 농민군이 북진군, 남진군으로 나누어 공격을 개시하자 평안도 각지에서는 이에 호응하는 자가 속출하여 삽시간에 청천강 이북의 지역이 농민군의 수중에 떨어졌다. 그러나 농민군은 박천 송림리에서 정부군과 싸워 패한 뒤, 1812년 1월부터 정주성에서 농성하면서 완강한 공방전을 전개하다가, 4개월간에 걸친 공방전 끝에 패하였다. 홍경래도 여기서 전사하였다.

진주민란(晉州民亂)

1862년 2월에 경상도 진주에서 농민이 봉기하여 남부 지역 각지에 파급되었다. 당시 경상우도 병마사였던 백낙신(白樂莘)은 관리들이 환정, 전정에 의해 중간에서 횡령하였던 부분을 민중에게 전가하여 부담시켰다. 더욱이 사재를 긁어 모으기 위해 약탈을 자행하고 있었다. 유계춘(柳繼春), 이계열(李啓烈)의 지도 아래, 초군(樵軍)을 중심으로 한 농민들은 머리띠를 두르고 괭이를 손에 들고서 진주로 진격하여 백낙신을 체포하고 그 재물을 되찾았으며, 죄질이 나쁜 악질 관리를 처단하였다. 민란은 삽시간에 경상도, 충청도, 전라도의 삼남 지방에 확산되어 봉건 정부를 불안에 떨게 하였다.

⎯⎯⎯⎯⎯⎯⎯⎯⎯⎯⎯ ∿∿ ⎯⎯⎯⎯⎯⎯⎯⎯⎯⎯⎯

동학군의 봉기

농민들이 마침내 대규모의 군사 행동을 일으킨 것은 고종 31년(1894)의 일이었다. 고부 군수 조병갑의 학정을 견디다 못한 농민들이 전봉준의 지휘 아래 군수 조병갑을 몰아냈다. 사후 처리를 위해 부임한 이용태는 동학 교도들을 탄압하며 체포 혹은 살해를 자행하자 분격한 농민들은 전봉준, 김개남, 손화중 등 동학 교도를 중심으로 재차 봉기하였다. 이에 태인, 금구, 부안 등 각 처에서 농민들이 합세하여 그 세력은 수천에 달하게 되었다.

⎯⎯⎯⎯⎯⎯⎯⎯⎯⎯⎯ ∿∿ ⎯⎯⎯⎯⎯⎯⎯⎯⎯⎯⎯

천진조약(天津條約)

　　일본의 밀약을 받은 개화파가 1884년 갑신정변을 일으켰으나 청군 군대의 출동으로 실패하게 된다. 이때 일본과 청국은 청·일 양군이 주둔한 가운데 양국간에 전쟁 기운이 높아지자 조선 정부는 양국군의 철수를 요청하였다. 청국은 이를 받아들였으나, 일본은 이를 거부하고 오히려 조선에 내정개혁을 요구하였다. 민씨 정권이 내정간섭이라며 이를 거절하자 일본군은 7월 23일 궁중에 난입하여 무력으로 민씨 정권을 타도하고 내정개혁추진기구로 군국기무처가 설치되고, 개혁사업이 진행되었다. 이 개혁에는 개화파가 추구해온 개혁 구상이 충실히 반영되었고, 갑오농민전쟁에서 농민군이 제기한 요구도 부분적으로 반영되었다. 그러나 일본의 압력 때문에 일본의 이익을 보장하는 내용의 개혁이 상당 부분 존재했다.

　　이후 2년 가까이 지속된 갑오개혁은 조선 사회의 문제들을 해결하고자 한 개혁의 흐름이면서도 대외적으로는 자주화라는 민족적 과제를 상실한 예속적 개혁으로, 일제 식민지화의 길을 열어주는 결과를 낳았다.

대한제국(大韓帝國)

　　1897년 10월부터 1910년 8월 22일까지 존속한 조선 왕조의 국가.

　　청일전쟁(1894~1895) 결과 임오군란(1882) 이래 조선에서 강력한 지위를 유지해 오던 청국의 지위를 일본이 차지하게 되었다. 일본은 요동반도를 획득하여 만주로 진출할 수 있는 기틀을 마련해 둔 상태이기도 했으나 러시아,

프랑스, 독일 간섭을 받아 요동반도를 청국에 반환했다〈삼국간섭, 1895. 5〉. 삼국간섭의 영향으로 일본의 지원하에 개혁을 추진해오던 개화파 내각이 동요하면서, 정부는 배일·친러적 경향을 띠어갔다. 일본은 세력을 회복하기 위해 1895년 10월 명성황후를 살해했고〈乙未事變〉, 내각은 다시 개화파로 개편되었다. 일본의 명성황후 살해는 민심을 동요시켜 전국에서 의병이 일어났고, 이런 상황 속에서 고종은 1896년 2월 11일 러시아 공사관으로의 피신에 성공한다〈俄館播遷〉. 8월 13일 고종은 제위에 오름과 동시에 국호를 대한제국으로 정하였음을 선포하였고, 이러한 사실을 각국공사관.영사관에 통보하였다.

참고문헌

〈各島 配囚案〉
〈高宗 純宗 實錄〉
강재언, 〈한국근대사〉, 한울, 1990
곽안전, 〈한국교회사〉, 대한기독교서회, 1961
기독신보 715호, 1929년 8월 21일
김광수, 〈한국기독교순교사〉, 교문사, 1979
김광수, 〈한국 민족기독교 백년사〉, 교문사, 1978
김대인, 〈숨겨진 한국교회사〉, 한들, 1995
김양선, 〈한국기독교사 연구〉, 기독교문사, 1971

김인수, 〈간추린 한국교회의 역사〉, 한국장로출판사, 1994

김인수, 〈한국기독교회사〉, 한국장로출판사, 1994

김승태·박혜진 엮음, 〈내한 선교사총람〉, 한국기독교역사연구소

김재승, 〈근대 한영 해양교류사〉, 인제대출판부, 1997

김진홍, 〈바닥에서 살아도 하늘을 본다〉, 두레시대, 1995

나동광, 〈토마스 목사의 생애〉

대청면지 편찬위원회, 〈大靑面誌〉

동학농민혁명 기념사업회 지음, 〈동학농민혁명의 지역적 전개와 사회변동〉

류홍렬, 〈한국의 천주교〉, 세종대왕기념사업회, 2000

閔庚培, 〈敎會와 民族〉

민경배, 〈한국의 기독교〉, 세종대왕기념사업회, 2000

白樂濬, 〈한국개신교사〉, 연세대출판부, 1998

백성현·이한우, 〈파란눈에 비친 하얀 조선〉, 새날, 1999

〈양천 허씨 백령문중 족보〉

吳相陳, 〈白翎島〉

〈甕津郡 鄕里誌〉

우에하라 카즈요시 외, 〈동아시아 근현대사〉, 옛오늘, 2000

윤경로, 〈새문안교회 백년사〉

이기백, 〈한국사신론〉, 일조각, 2000

李大期, 〈白翎島誌〉

이덕주, 〈초기한국기독교사 연구〉, 한국기독교역사연구소, 1995

이진호, 〈귀출라프와 고대도〉

이찬영, 〈황해도교회사〉

장연군 중앙군민회, 〈長淵郡誌〉

〈중화동교회 백년사〉

한국기독교역사 연구소, 〈한국기독교의 역사 1〉, 기독교문사, 2000

〈한국사대사전〉

한우근, 〈동학과 농민봉기〉, 일조각, 1989

〈漢韓辭典〉, 금성출판사

황해도지 편찬위원회, 〈黃海道誌〉

〈現代漢韓辭典〉, 동아출판사

B. 홀, 신복룡·정성자 역주, 〈조선서해탐사기〉, 집문당, 1999

H. B. 헐버트, 신복룡 역, 〈대한제국멸망사〉, 집문당, 1999

H. 라우텐자흐, 〈코레아 1〉, 대우학술총서, 민음사, 1998

H. N. 알렌, 〈조선견문기〉, 집문당, 1999

J. S. 게일, 신복룡 역주, 〈전환기의 조선〉, 집문당, 1999

L. H. 언더우드, 〈상투의 나라〉, 집문당, 1999

W. E. 그리피스, 신복룡 역주, 〈은자의 나라 한국〉

W. F. 샌즈, 신복룡 역주, 〈조선비망록〉, 집문당, 1999